广告创意与设计

曹广 崔建成 / 编著

清华大学出版社
北京

内容简介

本书采用理论与实践相结合的教学方法，将教学中的真实命题引入教材，从实战的角度出发，全面提高学习者将想法转化为创意作品的能力。

本书从图形、色彩、文字、版式四个方面出发，全面阐述广告设计语言、设计技巧和方法；重点介绍了广告设计中的创意、创意训练的方法以及广告创意的表现方式及广告设计的流程。

本书具有一定的前瞻性，并且适用于高校艺术设计等专业的本、专科生、研究生以及广告设计爱好者阅读和使用。

本书封面贴有清华大学出版社防伪标签，无标签者不得销售。
版权所有，侵权必究。举报：010-62782989，beiqinquan@tup.tsinghua.edu.cn。

图书在版编目（CIP）数据

广告创意与设计 / 曹广，崔建成编著. —北京：清华大学出版社，2024.5
ISBN 978-7-302-66279-2

Ⅰ. ①广⋯ Ⅱ. ①曹⋯ ②崔⋯ Ⅲ. ①广告设计 Ⅳ. ①F713.81

中国国家版本馆CIP数据核字（2024）第098080号

责任编辑：邓　艳
封面设计：刘　超
版式设计：文森时代
责任校对：马军令
责任印制：杨　艳

出版发行：清华大学出版社
网　　址：https://www.tup.com.cn，https://www.wqxuetang.com
地　　址：北京清华大学学研大厦A座
邮　编：100084
社 总 机：010-83470000
邮　购：010-62786544
投稿与读者服务：010-62776969，c-service@tup.tsinghua.edu.cn
质量反馈：010-62772015，zhiliang@tup.tsinghua.edu.cn
印 装 者：三河市君旺印务有限公司
经　　销：全国新华书店
开　　本：210mm×285mm　　印　张：10.25　　字　数：296千字
版　　次：2024年6月第1版　　印　次：2024年6月第1次印刷
定　　价：79.80元

产品编号：100954-01

前言

在这个信息纷繁的时代，从商业宣传到公共服务，从品牌推广到产品推销，广告无处不在。它们以各种形式和手段渗透到我们的日常生活中，影响着我们的思考方式和生活方式。广告是现代商业的重要组成部分，也是连接品牌与受众的重要桥梁。优秀的广告可以吸引受众的注意，提升品牌的影响力，因此，广告在商业或公益活动中占有至关重要的地位。编著本书的目的就是帮助读者了解广告的运作机制，掌握广告创意与设计的核心理念和创作方法，提升广告的效果和影响力。

本书共分为六章，分别是广告设计概述、广告的分类及媒介形式、广告设计的基本要素、广告设计的思维规律、广告设计的流程、专题研究课题训练。前两章主要介绍了广告设计的基本内容，对广告进行整体的讲解；第三章从设计的角度将广告进行分解，即从图形、色彩、文字、版式四个方面出发，使读者在学习广告设计的过程中充分了解具体的设计语言，掌握设计的技巧和方法；第四章重点介绍了广告设计中的创意、创意训练的方法以及广告创意的表现方式，通过这一部分的学习，读者将了解广告创意的内涵和外延，掌握创意思维的方法和技巧，激发自己的创意思维能力；第五章介绍了广告设计的流程，为读者在实际的设计过程中提供了整体的规划；第六章是实践案例，所有设计案例都是作者教学过程中，学生提交的真实的设计方案，而且绝大多数都是获奖作品，其中除了传统的静态广告，还包括当前极为流行的动态广告，通过这一部分的学习，读者将了解广告创意与设计的实际应用情况，掌握将理论应用于实践的方法和技巧。

本书内容汇集作者多年的教学经验，并配以大量的优秀参考案例和实践案例，力求内容全面、深入浅出、突出实用性。本书重视实践技能的提升，重视审美能力、创作能力以及艺术表现能力的培养，既可作为高校广告学、艺术设计等专业的教材，又可作为广告设计从业人士的参考用书。

本书由山东青年政治学院曹广和青岛科技大学崔建成老师编著，在编著过程中得到了众多专家、学者的支持和帮助。由于作者水平有限，书中难免存在疏漏与不足之处，恳请各位同人和读者指正。

最后，希望本书能为读者在广告领域的学习和探索中提供有益的帮助。无论你是广告专业的学生，还是已经在广告行业工作的专业人士，我们都希望这本书能成为你学习和成长的伙伴。

特别声明：书中引用的有关作品和图片仅供教学分析使用，版权归原作者所有，在此对他们表示衷心的感谢！

编 者

目录

第 1 章　广告设计概述

第 2 章　广告的分类及媒介形式

第 3 章　广告设计的基本要素

2　/　1.1　广告的定义

3　/　1.2　广告的历史与发展

8　/　1.3　广告的属性

15　/　1.4　广告的特征

18　/　1.5　广告设计的任务

28　/　2.1　广告的分类

37　/　2.2　不同媒介的广告

50　/　3.1　广告图形设计

65　/　3.2　广告文字设计

77　/　3.3　广告色彩设计

90　/　3.4　广告版面设计

第 4 章　广告设计的思维规律

104 / 4.1　创意的来源

107 / 4.2　好创意的评价标准

111 / 4.3　创意思维的训练方法

116 / 4.4　创意的艺术表现

第 5 章　广告设计的流程

124 / 5.1　调查与分析

125 / 5.2　设计定位

127 / 5.3　创意构思

130 / 5.4　完善与发布

第 6 章　专题研究课题训练

134 / 6.1　课题 1：庆祝中国共产党成立 100 周年

140 / 6.2　课题 2：庆祝中国共青团成立 100 周年

146 / 6.3　课题 3：联合国可持续发展目标

158 / 参考文献

第 1 章　广告设计概述

广告的定义

广告的历史与发展

广告的属性

广告的特征

广告设计的任务

1.1 广告的定义

广告一词最早源于拉丁文"advertere"，含有"注意""传播"的意思，在中古英语时代（公元1300—1475年）逐渐演变为"advertise"，其含义也由此发生变化，衍化为"使某人注意到某事"或"引起大众注意某件事物的手段"的意思。单从汉语字面来看，广告就是"广而告之"的意思，广告的第一要义就是传递信息，对大众起到告知作用。在现代，随着市场经济不断发展，广告逐渐成为商业竞争的推动器，广告的作用也不只是停留在"广而告之"的初级阶段，而是成为企业推销商品、塑造品牌形象和占领市场的重要手段。

1980年出版的《辞海》一书中，广告被定义为："向公众介绍商品，报道服务内容和文艺节目的一种宣传方式。一般通过报刊、电台、电视台、招贴、电影、幻灯、橱窗布置、商品陈列的形式来进行。"我们可以理解为广告是通过不同的传播媒介，由商品的生产者或经营机构向用户和消费者传递某种商品信息的宣传方式。

美国广告协会曾将广告定义为："广告是付费的大众传播活动，其最终目的是传递信息，从而改变人们对广告商品的态度，诱发其消费行动，使广告主获得利益。"这一定义阐明广告是通过不同传播媒介改变人们对商品的态度，进而达到广告效果的大众传播活动。

我国工商管理局编写的《现代广告专业知识》一书中对广告的释义为："广告是以付费的方式通过一定媒介向特定人群传递一定的信息，以达到一定目的的有责任的信息传播活动。"也就是说，通过广告可以唤起人们对商品的正向需求，从而改变或强化消费者的观念和行为。

上述各种定义由不同领域的学者或广告界业内人士从不同的角度提出，因此内容也不尽相同。总的来看，广告将各种信息经过提炼加工，并采用艺术手法，通过各种不同的媒介传播给大众，使大众能够自然愉快地接受，并最终引导人们的行为活动。从传统意义来讲，广告有广义和狭义之分。广义的广告是指广告不以营利为目的，而是向大众推送信息、传递资讯的一种有结构、有组织的传播活动；狭义的广告是指广告以营利为目的，是一种付费宣传的商业广告，是为了某种特定需求以有偿的方式通过一定形式的媒体向消费者传播某种商品或服务信息的手段，其主要目的是提高商品生产者的经济效益。在现代社会，随着市场经济不断发展和科学技术的进步，传播信息的手段也愈来愈多样化。因此，广告的定义和内涵也在不断变化革新。

1.2 广告的历史与发展

广告是一种古老的社会现象,现代意义上的广告随着商品经济的发展日渐兴起。纵观人类发展,我们人类祖先最早利用声音、姿态、火光等方式进行广告传播,随后伴随语言和文字的发明,使广告传播的广度和深度有了进一步扩增。而在现代社会中,随着商品经济的发展和科学技术的进步,广告的媒介形式也由最初的沿街叫卖发展到广告牌、杂志、报纸,再扩展到如今的网络电子广告、交通工具广告等。广告媒介种类多元,已经从各个方位深入我们的日常生活。

1.2.1 中国广告的历史和发展

中国广告的发展经历了漫长的过程。广告作为传播信息的载体,与人类文化的发展、文字的发明有着密不可分的联系。早在原始社会末期,我国出现物与物之间的交换活动。随着农业、畜牧业、手工业的发展以及劳动者社会分工的日益明确,产品出现了剩余,部落之间以物易物的交换也随之涌现,这便是最原始的实物广告。而随着社会分工的不断细化,生产的物质品类不断丰富更新,物与物之间的交换活动日益频繁,货币应运而生。

中国奴隶社会和封建社会时期的社会经济发展为商业广告奠定了基础。而最原始、最简单的广告形式——叫卖广告,衍生于集市发展。叫卖广告又称口头广告,是通过声音进行的,主要有吆喝声、吹打敲击声和各种吟唱声等。这种口头广告通常利用音乐旋律演变成歌调来吸引顾客。如小贩在贩卖豆腐时,一边敲"梆子",一边通过吆喝"卖豆腐喽"(见图1-1)让顾客闻声而至。这种形式沿用至今且不断丰富和创新,直至各行各业自成体系,打造出各自特有的叫卖方式。随之出现的音响广告在《诗经》的《周颂·有瞽》中,有"箫管备举"这样的诗句。唐代的孔颖达也曾疏解说:"其时卖饧之人,吹箫以自表也。"由此可见,在西周时期就已经出现音响广告,商贩们早在那时便意识到可以利用箫管之声吸引顾客。

图1-1 卖豆腐的小贩敲梆子

继叫卖和音响广告之后,"招幌"广告随之而来。"招幌"是招牌和幌子的合称,北宋张择端的《清明上河图》中描绘了店铺林立、招幌广布的东京街景(见图1-2)。招牌又被称为"店标",多以文字标示店名。它是在门、柱、屋檐、墙壁或柜台上题写字号的一种广告形式,包括不同的类型,如横额、竖排、挂板等。幌子是通过把与经营范围有关的物品放置或悬挂于店铺门前,用以展示相关服务项目或不同商品类别的广告。在古代幌子广告中,旗幌是最早出现的一种表现形式。《韩非子·外储说》中记载:"宋人有酤酒者,升概甚平,遇客甚谨,为酒甚美,悬帜甚高,而酒不售,遂至于酸。"文中的"悬帜"说的就是酒旗,也就是旗幌。由此可知,宋朝时期的酒家就已经在店铺外悬挂旗帜来招引顾客了。除此之外,烟店门前会挂木质大烟斗、酒店门前会放置酒坛、药铺门前会悬挂药葫芦,这些足以说明幌子广告在当时的社会十分盛行。"招幌"广告的产生和发展充分体现了当时社会商人对于广告宣传意识的稳步增强。

早期的招牌广告和"幌子"广告的传播范围实际上较为局限,而广告真正迅速发展是在造纸术和印刷术被发明之后。我国现存最早的印刷广告是北宋时期济南的刘家功夫针铺广告（见图1-3）。广告中最引人注目的是中央白兔手持铁杵捣药的画面。从整体来看，白兔捣药的图案相当于针铺的标志；铜版顶部刻有"济南刘家功夫针铺"八个大字，这相当于广告的主标题；图案左右为"认门前白，兔儿为记"的针铺标注；下方则用二十八个字简单介绍该商品的材料、质地和销售办法等，属于广告的正文。画面整体简洁精练，信息关系主次明确，这样的商标设计足以起到广告的宣传作用，可以说是我国古代现存相对完整且独具代表性的一则平面广告。

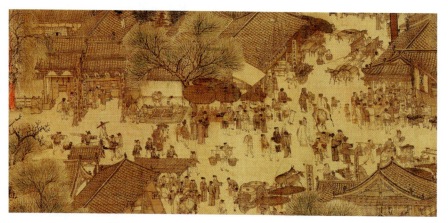

图1-2 《清明上河图》局部"招幌"广告

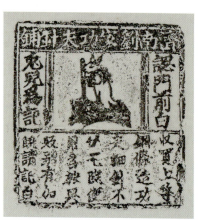

图1-3 济南刘家功夫针铺铜版印样

19世纪上半叶，一些资本主义国家在工业革命后疯狂向外扩张，而人口众多、地大物博的中国成为被掠夺、攫取的对象。鸦片战争之后，外国列强入侵中国，为迅速占领中国市场、推销商品，开始在中国大力兴办商报。而一些民族工商业者在"师夷长技以制夷"思想的影响下开始模仿西方商业广告的宣传手段和方式，将报纸、霓虹灯、广播等西方先进媒体运用到商业广告的宣传中。1872年，《申报》在上海创刊（见图1-4、图1-5），它是我国近代报纸出现的标志，是由英国商人美查创办的以营利为目的的商业报纸，因此，它对广告极为重视，广告最多时，曾占据整个报纸版面的一半；我国最早使用霓虹灯的地方是上海，由于霓虹灯颜色多样且光线变幻跃动，所以商店、戏院、酒楼等都竞相装置；而最早的电台是"奥斯邦电台"，由"中国无线电公司"1922年在上海创办，其主要业务之一就是商业广告；除此之外，月份牌广告（见图1-6、图1-7）、路牌广告（见图1-8）、招贴广告（见图1-9）、橱窗广告等也随着民族工商业的发展陆续在街头"崭露头角"，自此，广告样式进入多元化发展时期，并且开始注重广告形式，广告的艺术性得到新的拓展。

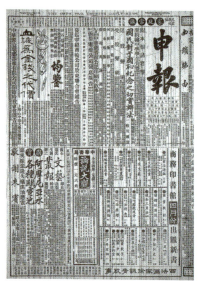

图1-4 申报（1）

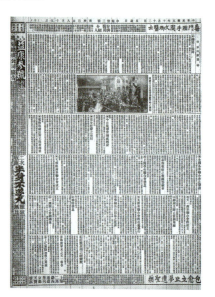

图1-5 申报（2）

图1-6 月份牌广告（1）

图1-7 月份牌广告（2）

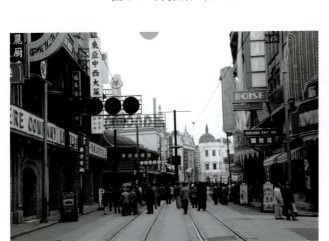

图1-8 民国时期的上海街头广告（1）

图1-9 民国时期的上海街头广告（2）

新中国成立至今，历经最初三十年的约束和沉寂，伴随改革开放，企业竞争意识日益增强，广告因此被重视，广告业得以进入发展的全盛时代。而我国港澳台地区，凭借着东西方交汇的优越地理位置，在西方文化的影响和商业需求的不断刺激下，其广告业取得了长足的发展与进步。我国内地（大陆）则在改革开放之后，随着互联网的不断兴起，广告事业受到广告新概念的影响，其信息传达方式由全新的广告媒体逐步代替传统的广告媒体，并出现在大众视野，给人们带来全新的视听感受。

1.2.2 西方广告的历史和发展

据历史资料记载，世界上最早的文字广告可以追溯到3000多年前的古埃及。那时的人们在一种名为汉莎纸草的植物上进行记录，故名纸草书（见图1-10）。而迄今最早被发现并完整保留的文字广告便出现在汉莎纸草中，其内容为奴隶主通过悬赏捉拿在逃奴隶。西方广告的历史又可追溯到古希腊、古罗马时期，那时人们通过声音传递来完成物物之间的交换活动，通过韵律十足的吆喝声来贩卖奴隶、牲畜以及手工艺品，直至衍生出专职"叫喊人"。顾名思义，"叫喊人"是通过声音向大众传播信息的职业，其主要工作是发布政府新的政策法令或受雇于商人并以此告知人们商品的优越性。在古希腊，商人进行商品信息传递的主要方式便是布告和雇用"叫喊人"，他们发挥着如今"报纸"和"广播"的作用。

随着经济的发展，较为发达的沿海地区最早开始出现招牌广告。早期的招牌多为实物（见图1-11），例如，鞋店的木靴、铁器店的铁锅、葡萄酒店的青藤枝等，后来逐渐把店铺的商品变换成图画，以这种形式悬挂于店外、集市和街区。除此之外，连同城里房屋和墙壁上也被涂上各种商品的宣传信息，与此同时，还出现了陈列、音响、诗歌等新兴广告形式，其内容极具多样性，既有商品的推销广告，也有文艺演出、寻人启事等社会服务性广告，甚至还出现了政治竞选类广告。

图1-10　古埃及纸草书

图1-11　西方早期的实物招牌

除了招牌广告，标记广告也是最古老的广告形式之一。在古罗马，人们使用戳记以便于官方收税或工匠之间记账，这便是标记广告的雏形。然而标记广告真正发展成为具备商业性质的标记广告是在中世纪时期，它从单纯标记一类事物演化成行会或个体生产者、销售者的区别性标记，不同行业之间有了各自特定的印章。

印刷术的发明开启了广告发展的新纪元，而活字印刷术的发明使印刷的质量和速度均有大幅度提升，成为西方近代广告变革的一项重要因素。1472年，伦敦街头张贴英国人威廉·坎克斯印刷的有关宗教书籍类广告，这标志着西方印刷广告的诞生；16世纪后，西方较发达的国家（如英、法、美、德等国）历经文艺复兴的洗礼，资本主义经济得到更进一步的发展，商品经济日益兴旺，报刊业逐渐发展起来；1609年，世界上最早的定期印刷报纸《报道式新闻报》在德国出版，它的出现为报纸广告的诞生创造了条件；1650年，英国出版的《每周新闻》报上刊登了一则关于12匹马被盗的寻马悬赏启事。自此，广告开始进入报纸版面。1666年，第一个报纸广告专栏出现在《伦敦报》，从此"报纸广告"作为大众传媒的一种形态得以独立存在，并在日后逐渐发展为报纸的主要经济来源。

早期的报纸和报纸广告因发行量小、传播范围小等并未得到人们的充分重视，直至工业革命后，经济的迅猛发展带动大量新产品出现，商业竞争也日益激烈，机械化大规模生产使印刷成本有了极大的降低，报纸逐渐走进平民生活（见图1-12），并成为这一时期广告的主要载体（见图1-13至图1-15）。除此之外，大街小巷都充斥着路牌广告和海报招贴的身影，广告代理商和广告公司也因此应运而生。1841年，伏尔尼·帕尔默在美国费城开办了第一家广告代理公司，宣告广告代理业的诞生，其主要业务是为客户购买报纸版面和广告文字。1869年，艾耶创办了第一家具有现代意义的广告公司"艾耶父子广告公司"，其业务重心从单纯的广告版面推广转移到客户广告的设计、策划和制作上。

图1-12　19世纪的西方报纸

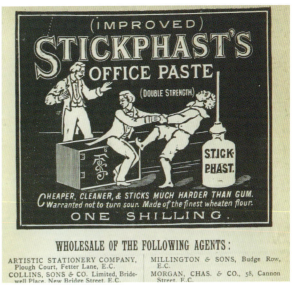

图1-13　19世纪西方报纸中的广告（1）

图1-14　19世纪西方报纸中的广告（2）

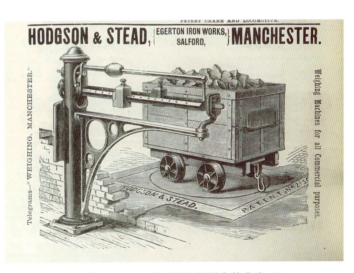

图1-15　19世纪西方报纸中的广告（3）

随着科学技术的进步，新技术被广泛应用于广告传播领域，使其表现形式和手段有了多样化的发展。1853年，纽约《每日论坛报》首次以照片的形式为帽子店做广告，自此，摄影技术开始作为广告的重要表现方式登上历史舞台；1882年，世界上第一个灯光广告在英国伦敦问世；1910年，法国巴黎首次使用霓虹灯为国际汽车展览会做广告；1910年到1920年，随着经济的繁荣发展，人们的文化生活得到极大的丰富，涌现出野兽派、立体派、未来派等现代主义艺术流派。许多艺术家竞相举办各种美术作品展，海报招贴由此得到了进一步完善与发展（见图1-16、图1-17）。此外，路牌广告也朝着标准化、规范化不断革新，在传递信息的同时还起到美化环境的作用，一举两得。1920年后，随着广播、电视、电影等电子设备的陆续问世，广告传播媒体进一步扩增，广告形式也更加多样化。自1920年第一家广播电台在美国创办，到第二次世界大战前，广播广告因其传播迅速、播出灵活性强等特点，一跃成为继印刷媒介之后的第二大传播媒介。"二战"后，随着电视事业的不断发展，尤其是1954年美国生产出彩色电视机后，集色彩、声音、画面为一体的电视机成了当时广告信息传播最理想的媒介，电视一跃成为最大的广告传播媒体。

图1-16 可口可乐早期招贴广告（1）

图1-17 可口可乐早期招贴广告（2）

在科技发展的持续推动下，新的广告媒介不断涌现。20世纪90年代以后，互联网浪潮席卷，为广告业展示出广阔自由的市场空间。如今广告的创意、策划和运用都已步入网络数字化时代，在经济发达的国家已趋于成熟，成为商业和政治活动中不可缺少的重要角色。

1.3 广告的属性

任何一则完整的广告均包括广告信息、广告目的、广告对象、广告主和广告媒体，这也是组成广告的五个基本要素。通俗地说，即：广告要推广什么？为什么推广？推广给谁？谁要推广？怎么推广？

1. 广告信息

广告信息主要是指广告所要传达的内容，也就是广告要推广什么，而内容主要来自产品的信息。例如，所宣传产品的特色、优点和出彩之处等（见图1-18、图1-19），从而吸引受众进一步了解和购买该产品，但同时需要注意的是，广告所传达的信息内容必须是健康的、真实的，不能存在夸大其词、虚假宣传等内容，必须遵守广告法，不能与各项广告管理法规相抵触。现如今，广告信息可以通过许多途径获得，如图像、声音、文字等形式，因此在信息如此发达的时代，广告创意的优劣便成了广告设计成败的关键。一个成功的广告设计要将广告信息与广告创意完美结合，别出心裁地吸引消费者的眼球，使其过目不忘，从而达到宣传目的。

广告信息主要分为指示信息和审美信息两种类型。指示信息是指所宣传商品的价格、性能、质量和特点等，这些信息对于消费者的购买行为有直接的促进作用。而审美信息主要是指在表现广告信息时所采用的艺术处理手段和处理方式，同样也是直接诉诸消费者感官的信息，其具体表现在色彩、造型、创意手法等方面。

图1-20、图1-21所示是国外牛奶品牌的创意广告。该系列广告将牛奶包装盒设计为美味可口的甜品的形状，侧面展现牛奶的浓厚香甜、美味不言而喻，可以瞬时勾起受众的食欲，与此同时，该广告信息清晰明确，没有歧义，符合广告的基本要求。

图1-22至图1-24所示是国外亨氏番茄酱的创意广告。它的出现被定义为西部最"慢"的番茄酱。该系列广告通过画面视觉呈现倾倒番茄酱时的动态，缓慢的流速又从侧面体现出该酱汁的浓稠，从而向受众传达出番茄酱品质极佳的信息。

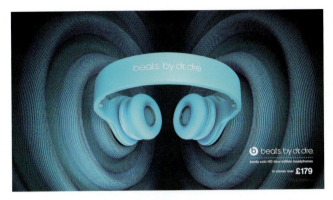

图1-18　耳机创意广告（1）

图1-19　耳机创意广告（2）

图1-20　牛奶创意广告（1）

图1-21　牛奶创意广告（2）

图1-22　亨氏番茄酱广告（1）

图1-23　亨氏番茄酱广告（2）

图1-24　亨氏番茄酱广告（3）

2. 广告目的

广告目的是指通过广告活动达到所预想的广告效果，这也是各大品牌商着力推广广告的动力和原因。通俗地说，一则广告的最终目的是让人们接受一个产品、一种观念或是一个品牌。譬如当人们提到矿泉水时，就会联想到农夫山泉，联想到农夫山泉就会想起那句经典的广告语——"我们不生产水，我们只是大自然的搬运工"。"农夫山泉"就像矿泉水的代名词，这便是一则成功的广告。

广告目的又大致分为提供信息、诱导购买和提醒使用三种类型。

（1）提供信息的广告又叫开拓性广告，是指企业通过广告活动向人们提供各类信息，如企业通过广告向大众介绍某种产品的最新用法用途、向大众介绍新产品的上市或告知大众某类产品降价的信息等。这种广告的目的多以市场需求为基础，而不仅仅是宣传某种品牌。图1-25、图1-26是国外圣诞节奶茶促销广告。

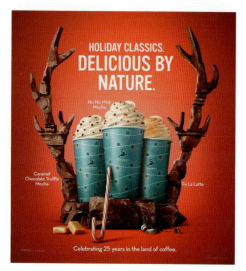

图1-25 圣诞节奶茶促销广告（1）

图1-26 圣诞节奶茶促销广告（2）

（2）诱导购买的广告又叫诱导性广告，是指企业通过广告活动树立品牌形象，改变受众对该品牌的态度，鼓励消费者购买企业的产品。这类广告多用于有竞争品牌的产品，以诱导消费者放弃购买其他竞争品牌而选择本品牌产品。图1-27、图1-28是日本刀具广告，该作品将薄如蝉翼的三文鱼、薄脆可口的西瓜与刀具的形态完美结合，意为突出刀具锋利的特点，展示其广告目的；广告画面给人一种印象深刻的视觉美感与独特的艺术表现力，流露出其独特的创作魅力。

（3）提醒使用的广告又叫提示广告（见图1-29、图1-30），顾名思义，即企业通过广告活动提醒消费者未来将要使用的产品广告。比如，在春天，人们会看到夏天衣服上新；在秋天，会看到冬天衣服上新，这就属于提示广告。图1-31、图1-32为国外某健身房广告，该作品通过夸张且不失幽默的表达方式，一针见血地揭示出减肥主题，呼吁大家在高科技带来诸多便捷的时代也应当重视自身健康问题、身体塑形和身材管理。这就属于提示广告。

图1-27 日本刀具广告（1）　　图1-28 日本刀具广告（2）

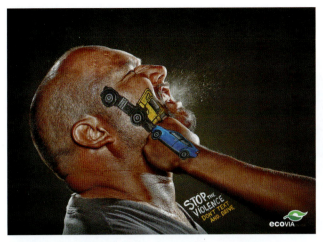

图 1-29　Ecovia 安全驾驶广告（1）

图 1-30　Ecovia 安全驾驶广告（2）

图 1-31　健身房广告（1）

图 1-32　健身房广告（2）

3. 广告对象

广告对象即目标受众，是指产品宣传所对应的消费人群。无论何种产品，其广告都需要有自己的广告对象。广告对象可以是某特定性别的人群，如男性、女性，也可以是不同年龄阶层的群体，如0～3岁的儿童、20～35岁的青年人、40～50岁的中年人等。广告对象由产品设计定位决定，不同的产品设计定位决定不同的广告对象，如卡通类产品主要针对儿童消费群体（见图1-33至图1-35），美妆产品主要针对女性消费群体，电子产品主要针对男性消费群体，等等。在具体的设计项目实施时，应做到全面而周全地分析，例如，针对儿童产品广告而言，有人认为儿童是产品的直接消费者，所以儿童是该产品的广告对象，也有人认为儿童不具备产品的购买能力，因而家长应为广告对象。严格地讲，其实二者均应视为儿童产品的广告对象，一方面，现在的儿童越来越有自己的想法，家长在购买儿童物品时会寻求孩子的意见，让其自己选择；另一方面，儿童并不能实现真正的经济独立，依旧需要依靠父母购买。因此在做儿童产品广告时，不能单纯把他们两者中的一方作为广告对象，而是应双管齐下，将二者同时兼顾。

图1-36至图1-38所示是乐高创意广告，其广告对象主要为儿童消费群体，所以画面中用儿童作为主体表现人物符合产品定位，进而能吸引广告对象。

图1-39至图1-40所示是安德玛棒球鞋广告，该广告的广告对象以男性消费群体为主，因此，广告画面活力四射，展示运动品牌特性的同时也符合男性的喜好特征。

图 1-33　儿童安全座椅创意广告（1）　　图 1-34　儿童安全座椅创意广告（2）　　图 1-35　儿童安全座椅创意广告（3）

图 1-36　构筑未来乐高创意广告（1）　　图 1-37　构筑未来乐高创意广告（2）　　图 1-38　构筑未来乐高创意广告（3）

图 1-39　安德玛棒球鞋广告（1）　　　　　　　　图 1-40　安德玛棒球鞋广告（2）

4. 广告主

广告主是指广告活动的发起者，也是广告活动的出资方，通俗地说，就是宣传自己产品和品牌的商家和企业（见图 1-41、图 1-42）。任何组织、企业或个人都可作为广告主，但要区分广告主与广告买主的不同，广告买主是指需求广告并出资购买广告的人，它相对于广告主更加具体，目前在广告行业，广告主的说法会相对更加流行，这是因为广告主在一个广告从无到有的过程中所起到的作用并非"买主"二字就可以简单概括。广告主大致可按性质和经营范围分为两类：一类按广告主的性质划分，可分为企事业单位、其他组织、个人；另一类按经营规模和范围划分，可分为跨国、全国、区域和地区广告主。这些广告主分类没有优劣之分，每一种分类方法都有其存在的现实土壤。

图1-43至图1-44所示是天龙音响创意广告，该广告用音响符号表现战场推进和怪兽袭击城市的画面，视觉冲击感强烈。天龙是日本天龙马兰士集团有限公司旗下品牌，该广告的广告主是日本天龙马兰士集团有限公司。

图1-45至图1-46所示是奔驰汽车的广告，该广告的广告主为奔驰汽车公司。奔驰敞篷跑车将未来设计感、科幻感融入汽车广告设计之中，营造出时尚大气的氛围感。

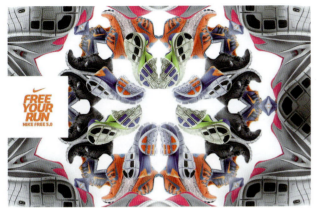

图1-41　耐克运动鞋广告（1）

图1-42　耐克运动鞋广告（2）

图1-43　天龙音响创意广告（1）

图1-44　天龙音响创意广告（2）

图1-45　奔驰汽车广告（1）

图1-46　奔驰汽车广告（2）

5. 广告媒体

广告媒体是指用于向公众发布广告活动的传播媒介。只有依附于一定的传播形式和渠道，广告信息才能得以传播，并达到相应的广告目的。杂志、报纸、电台、电视是传统的"四大广告媒体"，其中报纸和杂志被称为平面媒体，电台和电视被称为电子媒介。平面媒介是指印刷在纸张上传播广告信息的广告活动媒介，这类媒介最为常见，如宣传海报、传单、报纸、说明书等。电子媒介是指通过信息技术宣传的广告活动，如手机、电视、电脑等。随着当代互联网的快速发展，电子媒介的发展也毫不逊色，以抖音、快手、哔哩哔哩为代表的短视频平台俨然成为公众最喜爱的广告媒体之一。图1-47至图1-53依次展示了旁氏洗面奶户外广告、汉堡公交站牌广告、汉堡报纸广告、杂志广告、手机电子媒介广告和电脑电子媒介广告几种不同的广告媒介形式。

图1-47　旁氏洗面奶户外广告

图1-48　汉堡公交站牌广告

图1-49　汉堡报纸广告

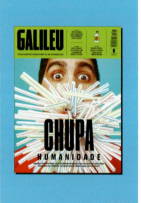

图1-50　杂志广告（1）

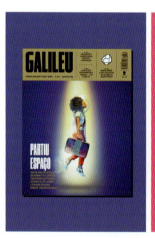

图1-51　杂志广告（2）

图1-52　手机电子媒介广告

图1-53　电脑电子媒介广告

1.4 广告的特征

随着现代生活节奏的加快、各种媒体技术的推广与普及，我们进入了全新的"读图数字化时代"。置身于图像化环境下的现代广告将更加明显地呈现出信息视觉化、传达简介化、感官强烈化三种基本广告特征。

1. 信息视觉化

人类在认识世界的过程中，主要通过人体的视觉、听觉、触觉和嗅觉这四大感官感知世界。其中83%是视觉，11%是听觉，3.5%为触觉，剩下的就是嗅觉。因此，我们可以看出视觉感受对人颇具影响力，信息视觉化也成为广告的主要特征之一。

传统的广告中，强调的更多的是文字信息。随着时代的快速发展，单凭文字信息无法满足公众的视觉需求，正因如此，现代广告越来越以图形、图像为主要的视觉传播方式。而信息视觉化是以图像符号为构成元素，以视觉感知形式为外在表现形态的过程（见图1-54、图1-55）。通俗地说，就是将眼睛不能或不易感知到的信息通过图像符号展现，使广告信息的传播更加便利，消费者更容易接受。

图1-56至图1-58所示是国外安全驾驶的创意广告。画面中，汽车标志里的动物形象直接冲出车标并形成碎片状，将车祸发生的现场画面信息视觉化，同时作品又以描述故事的方式刻画整个画面效果，不禁让人反思安全驾驶的重要性。

图1-59至图1-61所示是国外保鲜盒广告。该系列广告以保鲜盒为载体，将取代传统食物的雕塑作品置于保鲜盒中，使保鲜盒的新鲜功能信息视觉化的同时又营造出独有的创意感。

图1-54　啤酒广告（1）

图1-55　啤酒广告（2）

图1-56　安全驾驶创意广告（1）

图1-57　安全驾驶创意广告（2）

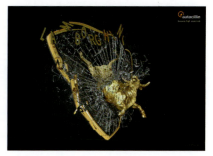
图1-58　安全驾驶创意广告（3）

图 1-59　保鲜盒创意广告（1）　　　图 1-60　保鲜盒创意广告（2）　　　图 1-61　保鲜盒创意广告（3）

2. 传达简洁化

在如今快节奏的现代化信息社会中，人们无时无刻不在接收着各种渠道输送的信息流，相较需深度挖掘的广告信息而言，人们反而更加倾向于接受一目了然、简单明了的信息。因此，广告的简洁化设计过程便显得尤为重要，这便对我们的设计者提出了更高的要求，需要他们充分发挥想象力，用最纯粹、直接的方式传达信息。其中选用简单的图文形式高度概括产品信息，这种传达方式不仅能在极短的时间内刺激消费者的视觉感官，还能使产品的功能特点被一眼识别，同时又满足了广告的视觉要求，全然符合了广告传达简洁化的设计理念。

图 1-62 至图 1-69 中的所有作品都有一个共同点，即传达简洁化，消费者能轻易地判断出该广告所宣传的产品及其相对应的功能。

图 1-62、图 1-63 所示是 Nopikex 防蚊虫叮咬广告设计，画面中蚊子的嘴巴接触该产品后变为棉签和弹簧，使其无法穿透皮肤屏障，人体因此得以保护。本创意广告画面简洁，主旨明确，该产品功效也一目了然。

图 1-64 至图 1-66 所示是纯羊毛标志品牌广告，该系列广告通过展示不同自然环境中的羊群画面来表现该品牌选用 100% 天然羊毛作为原料。它至细至柔，柔软奢华，无与伦比，绝非后天再造的纤维。

图 1-67 至图 1-69 所示是 Norma Atelier 画笔创意平面广告，该广告将 Norma Atelier 画笔与普通画笔进行比较，左边的 Norma Atelier 画笔细腻精致，与右边普通的画笔形成鲜明对比，二者高低立判。

图 1-62　Nopikex 防蚊虫叮咬（1）　　　　　　图 1-63　Nopikex 防蚊虫叮咬（2）

图 1-64　纯羊毛标志品牌广告（1）　　图 1-65　纯羊毛标志品牌广告（2）　　图 1-66　纯羊毛标志品牌广告（3）

图1-67　Norma Atelier画笔
创意广告（1）

图1-68　Norma Atelier画笔
创意广告（2）

图1-69　Norma Atelier画笔
创意广告（3）

3. 感官强烈化

所谓感官，是指用感受外界事物刺激的器官反馈给大脑的感受。在广告设计中，图像、文字、图形、色彩都能使消费者产生某些相关价值的联想，并诱发相应的感官感受，发挥其视觉吸引效果。例如，利用色彩冲击是常用的方式之一，尤其是对比色色调、大面积色块等的运用，以此增强广告的画面冲击力。而在广告视觉上突出其创意和设计，实现视觉亮点、创造视觉冲击是吸引受众目光的关键，同时也可以满足信息传递和情感交流的需求，使品牌产品与消费者诉求相契合，增进信任感，进而扩大影响力（见图1-70至图1-72）。当消费者深切的感官体验被满足的同时，其购买欲也会瞬时激发，广告目的也就自然而然、水到渠成。

图1-70　Alfaguara有声读物
创意广告（1）

图1-71　Alfaguara有声读物
创意广告（2）

图1-72　Alfaguara有声读物
创意广告（3）

图1-73、图1-74所示是瑞士手表的创意广告，该广告通过放大手表画面展现机械手表的"心脏"——机芯，展示其高振频、高效率、超长待机、强稳定性和低能耗的特点。

图1-73　瑞士手表创意广告（1）

图1-74　瑞士手表创意广告（2）

图1-75至图1-77所示是牛仔裤创意广告。型男穿着牛仔裤与野生动物相搏。该广告将牛仔裤的实用质感与型男柔韧兼备的姿态融为一体，尽显型男的活力四射与朝气蓬勃，带来强烈的视觉刺激。

图1-75 牛仔裤创意广告（1）

图1-76 牛仔裤创意广告（2）

图1-77 牛仔裤创意广告（3）

1.5 广告设计的任务

广告活动本质上是一种大众性的传播活动，这说明它会对传播对象、传播环境等产生一定的影响，加上广告本身所具有的商业属性，决定了它要承载一定的设计任务。现代广告设计的任务是根据品牌营销目标和广告战略的要求，通过卓越的创意和引人入胜的艺术表现形式，清晰、准确地传递商品或服务信息，树立良好的品牌和企业形象，并以极具吸引目标消费者的艺术魅力，使人们绝对信服地接受宣传。广告设计从各个层次、各个角度、以各种手法吸引大众的视线，艺术化地将资讯传达给观者，并力求以艺术化的个性表现和强烈的视觉冲击力赢得大众的视觉好感和心理认同。明确广告设计的任务可以帮助人们明确广告的设计理念和设计方略。

1. 传递广告信息

广告的第一任务就是传递信息。当商品准备或者已经进入市场以后，需要向顾客和中间商提供商品信息，广告此时便发挥了极其重要的作用。通过广告将商品信息传递给特定的目标受众，以提高企业产品的知名度，激发顾客的购买欲望，调动中间商的积极性，进而加速商品的流通和销售（见图1-78、图1-79）。对顾客来说，在获得了某产品的相关信息后，会留意该产品。对中间商来说，为了采购销售对路的商品，也需要企业提供相关产品信息。在设计广告时就要把握这一方向，站在消费者的立场考虑，保障广告内容的真实、可靠、准确，实现更好的传递效果。同时，广告不局限于单向的信息传递，企业也可以根据广告的反馈情况，更准确地把握市场动态和消费者的态度，对此及时做出调整，以达到更好的宣传效果，提升企业的活力，也有助于社会生产和商品流通的良性循环，提高社会生产活动的效率。

图1-80、图1-81中的Harvey Nichols是一个集衣物、化妆品、配饰等于一体的奢侈品品牌，它起源于伦敦的顶级时尚消费场所。它的广告中既展现了产品，也交代了品牌的信息。对话的语言也很好地展现了品牌的影响力，更能吸引消费者。

图1-82、图1-83中的插画展示了汽车穿越两种极端环境，从侧面表现了产品的性能——路况再复杂，也无法阻挡现代汽车。

图 1-78　Biedronka 连锁超市广告（1）

图 1-79　Biedronka 连锁超市广告（2）

图 1-80　Harvey Nichols 宣传海报（1）

图 1-81　Harvey Nichols 宣传海报（2）

图 1-82　现代汽车广告（1）

图 1-83　现代汽车广告（2）

2. 引导消费

广告对于消费起引导作用。它对于消费者的消费观念、消费心理和消费行为的趋向都具有引导作用。广告可以潜移默化地影响消费者，使其形成新的消费理念，产生购买欲。最为直接的方式是通过广告的宣传使消费者获得企业商品信息，使品牌的价值观念得以扩展，从而诱导消费观念，引导消费行为，促进消费决策。

引导消费的关键是与消费者建立情感联系。情感极具影响力，可以激发人的某种行为，意味着当广告契合消费者的某种情感诉求时，便可以随即"抓住"消费者，激起其购买欲，从而促进消费。一些潜在的消费者的需求或许与其现实的购买行为相矛盾，需要对其进行引导和刺激，使其产生对产品或服务的现实欲望。在这个过程中，广告正是刺激需求的关键所在。

图1-84至图1-87所示是杀虫剂广告。它们并没有把产品本身作为宣传主体去展示其杀虫效果，而是将夏天蚊虫活动的日常场景、画面中蚊虫的自在享受一一展现，进而唤起消费者对于蚊虫的记忆，并以此产生在炎炎夏日，我们对于该产品的高度需求，这就是广告的作用。

图1-88至图1-90所示是宜家广告。广告画面均传达出一个重要信息——缺少某一件家具导致物品无法归类、鞋子无处安置等。广告并没有直接展示相关产品的优点与功能，而是通过相关物品的联想，自然地引导消费者思考其家中是否缺少某种东西。在画面的底部可以看到产品的展示。整个过程流畅自然。这就是广告的引导作用。

图1-84　杀虫剂广告（1）

图1-85　杀虫剂广告（2）

图1-86　杀虫剂广告（3）

图1-87　杀虫剂广告（4）

  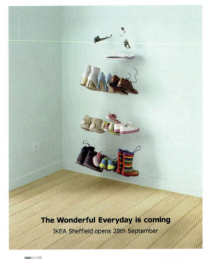

图1-88　宜家广告（1）　　　　　图1-89　宜家广告（2）　　　　　图1-90　宜家广告（3）

3. 树立品牌形象

随着市场产品日益高度的同质化，单纯从产品而言，很难与同类企业产品拉开明显差距，这时便需要广告的加持来展现相关产品的差异性，完成其超越实用价值的自我实现，并使之与人类的思想产生更显著的联系。从某种意义上讲，广告设计可使商品升华为一种精神符号。这样的升华使商品的价值得到飞跃。因此广告设计和广告传播也是商品的另一种生产过程，虽然我们无法改变产品的品质，但可以通过赋予品牌个性来提升产品的价值，使相同的商品也可以具有与众不同的特性和品牌形象。这也是现代广告设计的重要任务之一。

品牌形象是消费者对品牌的联想，是提及品牌名便会想到的东西。所以，要想使某个品牌得到更好的宣传推广，必须设计出一个消费者足够满意的品牌形象，并通过广告将品牌信息传递给消费者，进而产生良好的品牌效应。这样既可以提高消费群体对企业的信心，也决定了企业在消费者心目中的地位。一个良好的品牌形象若获得消费者极高的记忆度、良好的印象度和行为支持度，其市场竞争力便会出类拔萃，市场地位也将首屈一指。

图1-91至图1-93所示是百事可乐广告，图中并没有直接显示产品，只是选用红、蓝线条便足以让人联想到百事，这就是品牌力量。其品牌色彩早已深入人心，过分渲染只会更显冗杂多余。图1-94至图1-96的麦当劳广告亦如此，色彩和形状早已融入品牌，不需要过多讲解，一眼便可以被识别出来，这样的品牌力量是绝大多数同类产品无法比拟的。

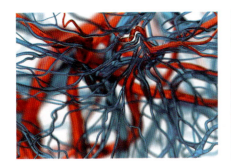  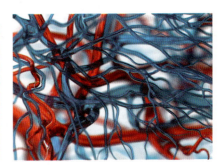

图1-91　百事可乐广告（1）　　　　图1-92　百事可乐广告（2）　　　　图1-93　百事可乐广告（3）

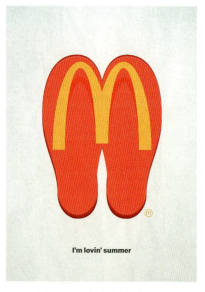

图1-94　麦当劳广告（1）　　　　图1-95　麦当劳广告（2）　　　　图1-96　麦当劳广告（3）

4. 满足受众审美

广告设计主要通过视觉效果发挥特定的宣传作用，是一种极具审美感的艺术形式。好的视觉体验更能够让受众沉浸，这就要求设计者在创作广告时，在把握受众审美取向的同时注入自己的情感与理念，从而使广告与消费者产生情感共鸣，使广告的宣传信息和观念被消费者所接受，最终达成其功利性的目的。

当然，作为广告的设计者，我们不能一味地盲目满足受众审美，也应传达出其设计的独特性，这样才能起到引领消费的作用。而想要达到这个目的，首先需注重形式，要有属于自己的风格，主题标新立异。其次，在追求独特性的同时，还应注意形式的整合，过分追求独特，进而导致风格混乱，只会起到反作用。再次，把握广告输出的情感内容，满足受众的情感诉求是当代广告的一个重要取向。当广告与消费者建立起情感联系，相较于单纯让人眼前一亮的形式而言，更能建立起品牌的信任度与忠诚度。最后是广告的文化塑造，一个好的广告设计，内容往往比形式上所表现出来的更加丰富，除了单纯的视觉体验，还应该满足群众的文化需求，使消费者在视觉和精神层面都得到满足，获得审美上的愉悦感，这样才能自觉接受广告的引导。

如图1-97至图1-99所示，阿迪达斯作为外国品牌，想在中国扩大市场，就必须满足中国消费者的文化审美。中国风的表达运用是进一步扩大消费者群体的重要方式。

图1-97　阿迪达斯广告（1）　　　图1-98　阿迪达斯广告（2）　　　图1-99　阿迪达斯广告（3）

图 1-100 至图 1-102 的麦当劳广告亦如此，"下一秒，永远都有新点子"的麦当劳在广告上一直具有其独特的创意审美，而作为国际品牌，它的广告所要面对的受众是广阔的，选择名画进行创意联合是明智之举。名画本身具有极高的审美价值，并且在受众群中享有知名度。这种强强联合的策略往往能够事半功倍，实现广告效果的最大化。

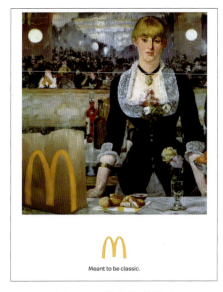
图 1-100　麦当劳广告（1）

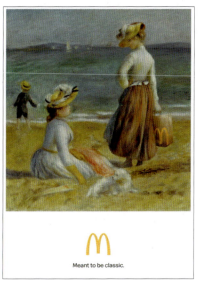
图 1-101　麦当劳广告（2）

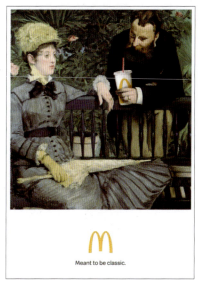
图 1-102　麦当劳广告（3）

5. 给人价值导向

广告的传播属性决定了它不仅负有经济与法律上的义务，更负有超越这些义务的社会责任。广告可以通过画面、语言、形象等影响社会风气，表达某种思想、观念，体现某种价值追求（见图 1-103、图 1-104），其具有传播范围广、知识新、内容丰富、层次多样、与实际结合紧密、能极大地丰富受众的精神文化生活等特点。广告在实施文化战略时，会根据人们的民族文化情结弘扬传统文化，促进传统文化增值。但广告同时也是一把双刃剑，单纯从利益出发容易造成错误的社会导向、资源浪费或者影响社会风气、造成精神污染等，所以广告除了要考虑企业的利益，还应适当考虑与广告行为有着密切关系的其他利益群体及社会的利益，应当在实现商业价值的同时兼顾良好价值导向的传递，使之符合当前社会主流价值观。

图 1-103　公益广告（1）

图 1-104　公益广告（2）

图1-105至图1-107所示是大众汽车系列广告，这个作品用非常直观的方式告诫用户："不要在开车时自拍，否则会发生严重的交通事故！"在宣传大众汽车的紧急制动系统的同时，也倡导重视基本的安全驾驶意识。

图1-105　大众汽车广告（1）

图1-106　大众汽车广告（2）

图1-107　大众汽车广告（3）

图1-108至图1-110所示是为己书屋广告。在碎片化时代，人们被手机以及各种网络信息所绑架，静心阅读已成为一件极具挑战的事情。为己书屋发布了《灵魂的庇护所》系列广告，倡导全民读书，让书籍成为我们灵魂的庇护所。三幅作品选取少年、青年和老年三个不同人生阶段以及每个阶段所要面对的诱惑和责任，而唯一能够帮助我们阻挡外界繁杂信息的侵袭，让心灵得到放松的方式便是阅读。

图1-108　为己书屋广告（1）

图1-109　为己书屋广告（2）

图1-110　为己书屋广告（3）

【知识链接】

广告创意与设计的约束是什么？

1. 法规约束

1994年10月27日，第八届全国人民代表大会常务委员会第十次会议通过《中华人民共和国广告法》（以下简称《广告法》），所有的广告设计活动必须遵守该法律的一切条款。《广告法》明确规定了总则、广告准则、广告活动、广告的审查及法律责任，是广告设计的法规约束。有的从业人员不懂得《广告法》的细则，只知道一味地追求精彩的广告创意而忽略了相应的广告法规；有的违法广告侥幸通过了审查，发布之后却引起著作权、署名权等一系列问题，其往往会对广告主带来负面影响。所以，对刚接触广告或学习广告设计的人来说，了解《广告法》是完全有必要的。

2. 伦理道德的约束

广告设计人员必须遵守国家和民族的伦理道德。有些国外品牌的广告并不违反《广告法》，却在不同程度上歧视、侮辱中华民族，严重伤害了全体中国人的民族情感。在遵守《广告法》的同时，也要遵守伦理道德，要爱国，要有责任感。

【项目实训】

1. 广义广告与狭义广告有什么区别？
2. 一则完整的广告具体包括哪几个方面？
3. 广告有哪些特征？试着举例进行分析。
4. 当今广告设计的任务是什么？

第2章　广告的分类及媒介形式

广告的分类

不同媒介的广告

2.1 广告的分类

图 2-1 恒正齿科广告

在现代商业社会中，商品和服务信息绝大多数是通过广告来传递的。广告的分类就是指根据不同的目的和需求把广告划分成不同的类型。不同类型的广告的性质和特征各不相同，按照传播范围划分，我们可以把广告划分为地方性广告、区域性广告、全国性广告和国际性广告。按照传播目的的不同，我们又可以把广告划分为商业广告和公益广告。

2.1.1 按传播范围分类

1. 地方性广告

地方性广告又可以称为零售广告，指的是在一定的地区范围内传播的关于产品服务或者企业信息的广告（见图2-1至图2-3）。地方性广告的目的是配合密集型市场的营销策略，主要利用地方性的报纸、杂志、电台、电视台等作为广告传播的载体，以此来促使地方性的消费者购买和使用其产品或服务。地方性广告所能传播的信息范围比较狭窄，所能影响的市场范围也比较有限，常见于生活消费品的广告。其广告一般以零售业、地产物业、服装业等地方性企业居多。

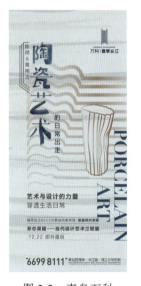 

图 2-2 青岛万科楼盘广告（1）　　图 2-3 青岛万科楼盘广告（2）

2. 区域性广告

区域性广告是指在一定区域范围内开展的广告活动。相对于地方性广告，它的信息传播范围大一些，多用来刺激一些特定区域范围内的消费者对产品或某种服务的需求（见图2-4、图2-5）。一般来说，开展区域性广告的产品或服务往往区域选择性需求较强，区域性广告可以增加区域性产品的销量，能为区域性的产品或者服务拓宽销路。因此，总的来说，区域性广告多适用于生产规模较小和产品通用性较差的商品和企业。

图 2-4　友邦保险广告（1）　　　　　　图 2-5　友邦保险广告（2）

3. 全国性广告

全国性广告是指面向全国受众而选择在全国性的广告传播媒体上进行刊播的广告（见图 2-6 至图 2-11），这类广告大多以国家电视台、全国性的报纸刊物、网络等作为广告传播的载体，以激发全国范围内消费者的普遍反响为传播目的，从而在全国范围内提高产品或企业的知名度。全国性广告相对于地方性和区域性广告来说，覆盖区域更大、受众人数更多、影响范围更广，所以媒介费用也相对更高，比较适用于地区差异小、通用性强、销量大和选择性小的商品和企业。

  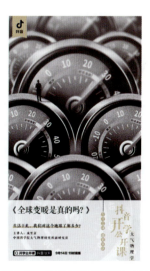

图 2-6　抖音短视频广告（1）　图 2-7　抖音短视频广告（2）　图 2-8　抖音短视频广告（3）

 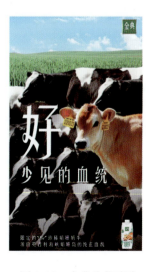 

图 2-9　OPPO 手环广告　　　　图 2-10　金典牛奶广告　　　　图 2-11　大众点评广告

4. 国际性广告

国际性广告是指为了配合国际营销活动，在产品出口目标国所做的商品广告，从而使出口产品迅速进入国际市场，实现销售目标（见图2-12至图2-20）。国际性广告一般以卫星电路、网络或是面向全国的广告刊物等国际性媒体为传播媒介，宣传的产品大多是通用性强、销量大的商品。需要注意的是，广告主在宣传产品时要充分考虑目标国的风俗习惯和宗教信仰，以适用文化与消费差异较大的受众。现如今国际广告已经成为企业拓宽销路、开辟国际市场、争取国外消费者所采取的不可或缺的手段和形式。

 图2-12 可口可乐广告（1）

 图2-13 可口可乐广告（2）

 图2-14 可口可乐广告（3）

 图2-15 奔驰汽车广告（1）

 图2-16 奔驰汽车广告（2）

 图2-17 奔驰汽车广告（3）

 图2-18 依云矿泉水广告（1）

 图2-19 依云矿泉水广告（2）

 图2-20 依云矿泉水广告（3）

2.1.2 按传播目的分类

1. 商业广告

商业广告又称盈利性广告，是由商品经营者承担费用并通过一定的媒介向特定的目标受众传达某种观念、商品或企业信息的广告，所以商业广告必须明确的一点是它必须有广告主的存在，不管商业广告所传播的信息内容是什么，它的最终目的都是使广告主个人或企业赢利。商业广告是商品促销的一种重要手段，具有明显的功利性和强大的经济功能，它以推销产品或服务为直接目的，可以突出商品的独特功效和优异的品质，使该商品在同类产品中有强大的竞争力。一则好的商业广告必须以真实性为基础，伴随简洁明快的广告表现形式，以此吸引顾客购买商品或接受服务。图2-21至图2-23所示是一系列登山运动鞋品牌广告，设计师打破了传统的运动鞋广告的惯常设计，以鞋子底纹结构和形式的独特性为出发点，将鞋子纹理和城市道路、自然风景的纹理相结合，使广告中的每个场景都各自成章又浑然一体，向消费者展现了产品最直接的属性和特点，打造出多元化的户外功能效果，把运动鞋的创意美学发挥到了极致。

图2-21　Merrell运动鞋广告（1）　　图2-22　Merrell运动鞋广告（2）　　图2-23　Merrell运动鞋广告（3）

商业广告主要分为商品广告、服务广告和公关广告三种。商品广告主要以商品的销售为导向，介绍商品的质量、属性、功能以及商品可以给人何种服务等关于商品自身信息的广告（见图2-24至图2-35）；服务广告是介绍关于出租搬迁、旅游出行或是家电维修等一些有关服务信息的广告（见图2-36至图2-40）；公关广告以树立企业形象、提高企业知名度为目的，主要把与企业有关的信息传播给大众（见图2-41至图2-46）。商业广告针对目标市场的受众，可获得产品使用者、购买决策者以及潜在消费者的普遍关注，它一方面具有促进销售、指导消费的商业功能，另一方面也应做到服务社会，向人们真实反映商品或企业的有关信息，避免因迫切想要提高商品销量或企业知名度而夸大事实、虚假宣传。

图2-24　Fruco食品广告（1）　　图2-25　Fruco食品广告（2）　　图2-26　Fruco食品广告（3）

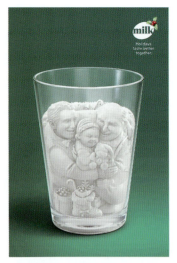
图 2-27　牛奶饮料广告（1）

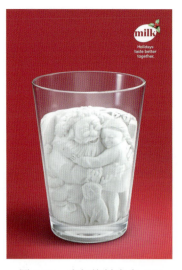
图 2-28　牛奶饮料广告（2）

图 2-29　牛奶饮料广告（3）

图 2-30　油漆广告（1）

图 2-31　油漆广告（2）

图 2-32　油漆广告（3）

图 2-33　Get closer 相机广告（1）

图 2-34　Get closer 相机广告（2）

图 2-35　Get closer 相机广告（3）

图 2-36　联邦快递服务广告（1）

图 2-37　联邦快递服务广告（2）

图 2-38　保险服务广告（1）

图 2-39　保险服务广告（2）

图 2-40　保险服务广告（3）

图 2-41　耐克品牌广告（1）

图 2-42　耐克品牌广告（2）

图 2-43　耐克品牌广告（3）

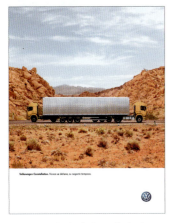
图 2-44　大众汽车品牌广告（1）

图 2-45　大众汽车品牌广告（2）

图 2-46　大众汽车品牌广告（3）

2. 公益广告

公益广告是为社会公益行动、公益事业免费提供服务的广告，是为人民群众谋福祉和利益的广告。新中国成立后，我国社会发展迅速，社会公益性的广告也随之增多，它在社会公众的道德和思想教育方面发挥着巨大的作用。如有关部门或机构进行的消防安全、交通秩序、保护森林、爱护环境、计划生育等广告宣传都属于公益广告；各个城市中的公共汽车、路牌、显示屏上的公益广告和刊播在电视、报纸、杂志上的公益广告也都已十分常见。图2-47至图2-50所示是由世界自然基金会（WWF）设计的关于保护动物的系列广告，作品以人手为基本元素，用彩绘的方式进行老虎、大象、斑马等仿生动物形象设计，能够让公众直观地识别出动物形态，以此来呼吁人们伸出援手去保护动物免受伤害，隐喻性较强，能够引发人们的感慨和思考。

图 2-47　世界自然基金会公益广告（1）

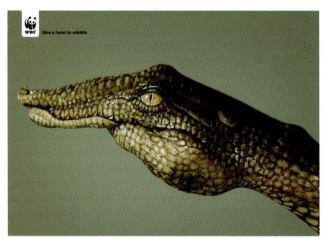

图 2-48　世界自然基金会公益广告（2）

图 2-49　世界自然基金会公益广告（3）

图 2-50　世界自然基金会公益广告（4）

公益广告与其他广告相比具有相当特别的社会性，它取材于百姓的日常并运用独特的创意和鲜明的立场来正确引导公众，以此来维护社会公德，是社会公益事业的一个重要组成部分，企业在做公益广告的同时也能向社会展示企业理念，从而提升企业形象。

公益广告具有公益性、非营利性、社会性和通俗性四大特征，主要表现在以下几个方面。

（1）公益性是指公益广告不含有任何商业利益性质，只为公众谋取福利，只为人民大众服务。公益性是公益广告最根本的特征，它不为个别人或组织服务，而是面向社会的广大群众，在爱护地球、保护生态环境、倡导礼义廉耻、维护公共秩序等方面对其进行规劝和引导，从而对社会的发展做出巨大贡献（见图2-51至图2-56）。

（2）非营利性是把公益广告和商业广告区分开来的一个重要特征，无论是哪个组织或者机构发布的公益广告，都不以营利为目的，而只为向大众传递某种社会信息，从而引发大众对某些公益事件的关注（见图2-57至图2-61）。

（3）社会性是指公益广告所聚焦的问题都是大众普遍关心的社会问题，而不是一小部分人的问题，例如爱护动物（见图2-62、图2-63）、保护环境（见图2-64至图2-69）、反对战争（见图2-70至图2-72）等公益主题，它们具有深厚的社会基础，取材于当代社会的热点和难点，诉求对象也是最广泛的群体，所以才能引起大众的强烈共鸣，才能被社会公众普遍重视。

（4）通俗性。由于公益广告的受众是广泛的社会大众，他们的文化程度不同，理解能力不同，因此公益广告在表现形式上必须通俗易懂，简洁明了，只有这样，公益广告才能真正做到服务于大众（见图2-73至图2-77）。

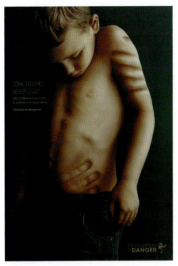  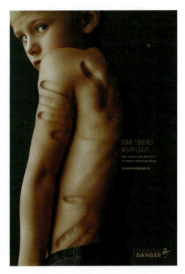

图 2-51　反性侵公益广告（1）　　图 2-52　反性侵公益广告（2）　　图 2-53　反性侵公益广告（3）

图 2-54　关爱女性公益广告（1）　　图 2-55　关爱女性公益广告（2）　　图 2-56　关爱女性公益广告（3）

图 2-57　反对医疗歧视公益广告（1）　图 2-58　反对医疗歧视公益广告（2）　图 2-59　反对医疗歧视公益广告（3）

 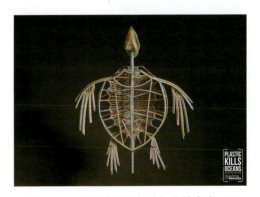

图 2-60　"塑料毁灭海洋"公益广告（1）　　　　图 2-61　"塑料毁灭海洋"公益广告（2）

图 2-62　WWF 保护动物公益广告（1）

图 2-63　WWF 保护动物公益广告（2）

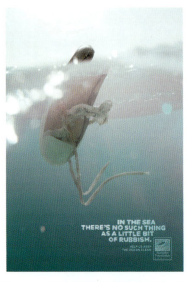
图 2-64　保护海洋环境公益广告（1）

图 2-65　保护海洋环境公益广告（2）

图 2-66　保护海洋环境公益广告（3）

图 2-67　保护生态环境公益广告（1）

图 2-68　保护生态环境公益广告（2）

图 2-69　保护生态环境公益广告（3）

图 2-70　反战争公益广告（1）　　图 2-71　反战争公益广告（2）　　图 2-72　反战争公益广告（3）

图 2-73　Give Children a Hand 公益广告（1）　　图 2-74　Give Children a Hand 公益广告（2）　　图 2-75　Give Children a Hand 公益广告（3）

图 2-76　"防止森林火灾"公益广告（1）　　图 2-77　"防止森林火灾"公益广告（2）

2.2　不同媒介的广告

"广告媒介"也称为"广告媒体"，是广告主和广告对象之间进行信息传播的物质手段和工具，在日常生活中，我们会从电视、电影和杂志等媒介看到各种各样的广告，电视、电影、报纸、杂志等实体工具就是广告的媒体。

广告依附于媒体存在。随着信息技术的不断变化和发展，广告媒体形式也在不断地革新和进步，而媒体的革新和进步又直接影响着广告的传播，广告主要把握不同广告媒介形式的价值和特点，根据自身经济实力并结合商品的实际情况选择合适的广告媒介进行传播，从而达到事半功倍的效果。

1. 印刷媒体广告

印刷媒体广告是指以印刷媒体作为广告的承载工具的广告，和其他广告媒介相比，印刷媒体更加便携易存，是当今广告活动中运用最广泛、最频繁的媒介传播方式，主要包括报纸、杂志、书籍、画册、包装等。

（1）报纸广告是指刊登在报纸上的宣传广告，以文字和图画为主要视觉刺激元素（见图2-78、图2-79）。报纸拥有广泛的读者，以报纸为载体的广告可以跟随报纸的发行传播在社会的各个角落，而且它不受时空约束，随时随地都可以阅读，它具有发行频率高、发行量大、信息传播速度快、时效性强等优点，便于保存，读者可以反复阅读，是印刷媒体广告中数量最多、传播范围最广的媒介。图2-80、图2-81所示是奥美哥伦比亚公司为Carulla刀具设计的一则报纸广告，设计师以产品自身的属性为出发点，利用报纸紧密的栏间距巧妙地呈现出了鱼和蔬菜被切割后的样子，能够让读者直观形象地感受到刀具的锋利。虽然报纸广告有诸多优点，但它同时也存在着一些缺点，比如读者之间很少会互相传阅，且多数报纸的色彩比较简单，刊登形象化的广告效果不佳。这也是报纸广告面临的最大问题。

图2-78　汉堡报纸广告

图2-79　哥伦比亚报纸广告

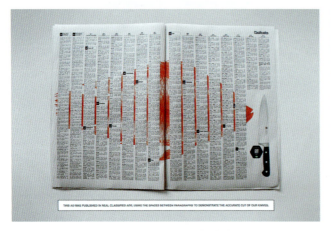
图2-80　Carulla刀具报纸广告（1）

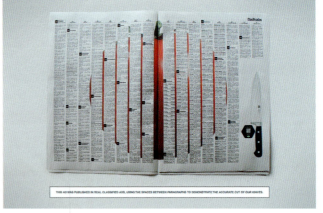
图2-81　Carulla刀具报纸广告（2）

（2）杂志广告是指刊登在杂志上的广告（见图2-82至图2-85）。杂志广告可以用较多的篇幅来传递商品的信息，杂志广告印刷精美且视觉冲击力强，其精美的广告效果使读者感受到艺术品位的同时又达到了宣传的目的。它的特点是读者分类明显，广告对象集中，针对性强，但它的出版周期较长、受众范围有限且广告信息难以及时传播，所以仅靠杂志广告难以在全社会引起大的反响。图2-86所示为西雅特汽车品牌的一则杂志广告，设计师将两页版面合二为一印刷成一个完整的方向盘图案，读者在翻阅杂志的时候，双手正好握在杂志两侧，像是握住真正的方向盘一样，给读者一种跨越时空的体验感。

图2-82　吉普汽车杂志广告（1）

图2-83　吉普汽车杂志广告（2）

图22-84　吉普汽车杂志广告（3）

图2-85　谷歌杂志广告

图2-86　西雅特汽车杂志广告

（3）画册广告是企业对外宣传自身文化、产品特点的广告媒介之一，是企业对外的名片。画册多以小册子或折页等形式出现（见图2-87至图2-90），从企业自身的性质、文化、理念、地域等方面出发，对企业或者产品进行详细的、有针对性的介绍，从而能够加强消费者对产品的了解，能够体现企业精神，传播企业文化，扩大企业知名度，对企业的宣传起到了直接的作用。

图2-87　Mockba城市规划画册广告（1）

图2-88　Mockba城市规划画册广告（2）

图2-89　国外音乐会艺术画册广告（1）

图2-90　国外音乐会艺术画册广告（2）

（4）包装广告是印在商品包装物上的广告，是企业宣传、推销产品的重要策略之一。包装广告附加在产品之上（见图2-91、图2-92），几乎不消耗任何额外的能源，能为广告主和企业节省开支，并且包装广告没有任何空间限制，商品可以到达的地方，附带在商品包装上的广告信息也可以到达。运用包装广告宣传时，设计师应考虑广告和产品之间的协调性，在提升产品美感的同时加强产品的辨识度，从而达到促使消费者对商品进行识别选购、激发消费者购买欲望的目的。图2-93、图2-94所示是Atypical Coffee咖啡品牌的一款包装广告，这个来自越南的咖啡品牌在包装设计上有其独特的灵感出处，包装结合了西贡街头文化，在视觉上刻画了西贡街头的墙面，使精美的咖啡与斑驳的墙面相互碰撞，给消费者营造出了不一样的视觉体验。

图2-91　光明乳业之新青年雪糕包装广告

图2-92　京东物流外包装广告

图2-93　Atypical Coffee咖啡包装广告（1）

图2-94　Atypical Coffee咖啡包装广告（2）

2. 电子广告

电子广告是指在现代传播活动中存储与传递广告信息时以电子信息技术为载体的一种广告形式，电子广告的宣传范围广、受众层次多样且无地域限制，主要包括电视广告、电影广告和广播广告。

（1）电视广告是一种经由电视传播的广告，是一种视听两用媒介，具有综合性的传播功能。电视广告能够进行动态演示，从而直观形象地传递出产品和服务信息图（见图2-95、图2-96）。电视广告用图像和声音结合在一起的方式给收视者留下深刻的印象，是最富有表现力和感染力的广告媒体之一，也是近几年成长最快的广告媒体之一。它的优点是面向大众、覆盖范围广、普及率高且能反复播出以加深收视者印象，能够迅速提高产品和企业知名度，但缺点是成本较高且受时间限制，不易把握传播效果。

图 2-95　华为广告宣传片

图 2-96　Lowicz 番茄酱广告宣传片

（2）电影广告是以电影及其衍生媒体作为载体的广告，以电影观众与潜在的电影观众作为广告受众（见图 2-97）。其大致可以分为两种类型：一种是电影软广告，即根据剧情合理安排赞助的产品及其服务出现在电影情节中并进行多角度展示的广告内容；另一种是贴片广告，即播放于影片内容前或结束后的独立广告内容。电影广告可以潜移默化地影响消费者心理，激发消费者对该产品或服务产生熟悉感、认同感和亲切感，促使其产生购买意愿和消费欲望。电影本身的宣传推广形式多样，所以电影广告在各类广告媒体中也占有重要的位置。

图 2-97　电影《美国队长 3》植入 vivo 手机广告

（3）广播是通过无线电波或金属导线，用电波向大众传播信息的大众传播媒体。广播广告最突出的优点在于它几乎不受截稿时间的限制，可以随时播出刚刚发生或正在发生的新闻信息。广播广告能够及时地把信息传送给听众，而听众只要拥有一台半导体收音机，就可以不受时间、场所和位置的限制，行动自如地收听广告。广播广告传播迅速，播出灵活性大，受众层次多样，制作过程简单且费用低廉，但它的缺点是听众分散，缺乏视觉形象且难以保存。

3. 网络广告

网络广告指的是以互联网为媒介，通过各种网络平台来刊登或发布的广告，是一种高科技的广告营销方式。与传统的广告媒体相比，网络广告具有得天独厚的优势，它传播速度快、交互性强且可以准确统计受众数量，是实施网络营销媒体战略的重要组成部分，主要包括文本链接广告、电子邮件广告、网幅广告、赞助式广告等。

（1）文本链接广告是指在网站页面上放置可以直接访问其他站点链接的广告，只需要点击文字链接就可以进入相对应的页面。相比于其他网络广告来说，文本链接广告是一种对浏览者干扰较少，同时又能达到满意效果的一种网络广告形式（见图2-98、图2-99），它以简练干脆的语言来吸引受众点击浏览。文本链接广告的位置安排非常灵活多样，它可以出现在网站页面的任何位置，不仅如此，文本链接广告的费用也比较低廉，对于广告预算少，又想获得好的效果的广告主来说是一种非常好的选择。

图 2-98　Lotte 购物网站文本链接广告

图 2-99　Homedit 网站文本链接广告

（2）电子邮件广告是以电子邮件为传播载体的一种网络广告形式，与其他网络广告相比，电子邮件广告最突出的优势在于它具有一对一的广告效果，可以针对用户发布"个人化定制"的广告信息，并且更容易得到用户的认可和反馈，这是其他网络广告难以达到的成效。除此之外，电子邮件广告的成本较低且制作和维护比传统媒体更加简单、快捷，能为广告主节省设计制作和投放以外的成本，是现代市场营销广告类型中的佼佼者（见图2-100、图2-101）。

图 2-100　希尔顿酒店电子邮件广告

图 2-101　HomePod 电子邮件广告

（3）网幅广告是网络上常见的一种广告形式，一般放置在网站页面上显眼的位置，所以其引人注目且广告费用也相对较高。其主要包括静态、动态、交互式三种形式。静态的网幅广告就是在网页上显示出一幅固定的图片，这种形式在网络发展初期最为常见。随着网络广告的逐步发展，动态和交互式的网幅广告逐渐占据主流。这类形式的广告能够向浏览者传递更多的广告信息，更容易吸引受众点击浏览，更容易吸引目标消费者和潜在消费者（见图2-102、图2-103）。

图2-102　新百伦网幅广告

图2-103　乔丹网幅广告

（4）赞助式广告不仅仅是网络广告的一种形式，更是一种广告投放的传播方式。这种广告大多以网页内容形式出现，放置时间较长且无须和其他广告轮流滚动播放，所以有利于增加用户点击率和浏览量。赞助式广告将内容和广告结合在一起，主要包括内容赞助、活动赞助（见图2-104）、节目赞助（见图2-105）等，广告主可选择自己感兴趣的网站内容或节目进行赞助，从而达到产品或品牌的宣传效果。

图2-104　世界杯赞助广告：阿迪达斯

图2-105　《乘风破浪的姐姐》赞助广告：金典牛奶

4. 户外广告

简单地说，户外广告就是设置在室外的广告，是存在于公共空间的一种广告传播形式。通常根据地区的特点来选择具体的广告类型，主要包括招贴广告、灯箱广告、路牌广告、交通广告、LED 广告等。户外广告的媒体类型丰富、表现形式多样、视觉冲击力强，能够很好地强化品牌宣传效果，提高企业的知名度。

（1）招贴广告也称海报，主要由图形、色彩、文字三部分构成，多用制版印刷方式制作而成，是张贴在墙面、宣传栏、木板上面的一种户外广告形式（见图 2-106 至图 2-108）。随着现代生活节奏的加快，人们对街头招贴广告的关注时间更加短暂，这就要求在设计招贴海报时，文字要简洁精练，图形要富有想象力和创造性（见图 2-109），整体画面要有强烈的视觉冲击力，这样才能吸引人们驻足观看。

招贴广告的兼容性强、内容范围广、艺术表现形式丰富，强劲有力的视觉感染力往往能超越时间和空间的限制，所以会在电子媒体广告无比发达的今天也能成为使用最频繁、最广泛的广告传播手段之一，而且它不仅仅有着传递信息、宣传产品的作用，同时也能美化城市环境、丰富人们的精神生活，是当代艺术和设计的完美结合。

图 2-106　百威英博户外招贴广告

图 2-107　马麦酱户外招贴广告（1）

图 2-108　马麦酱户外招贴广告（2）

图 2-109　Robin Wood 户外招贴广告

（2）灯箱广告又称为灯箱海报，其广告信息是通过灯光效果来传播的，白天采用自然光形式，夜晚采用辅助光形式，绚丽多彩，远视效果强烈，从而在快节奏的现代社会中也能够吸引人的眼球。灯箱广告主要通过门头、宣传栏、立杆灯箱画等形式来展示广告信息（见图 2-110 至图 2-114），广告内容大多是文字、色彩和图案的结合，需要注意的是，人们在流动状态下没有很多的时间去阅读文字，所以灯箱广告大多以图形为主，文字力求简短有力、言简意赅，这样才能达到宣传的目的。

图 2-110　麦当劳灯箱广告（1）

图 2-111　麦当劳灯箱广告（2）

图 2-112　美式汉堡快餐灯箱广告

图 2-113　Laive 食品灯箱广告（1）

图 2-114　Laive 食品灯箱广告（2）

（3）路牌广告多是在公路或交通要道两侧，利用喷绘或灯箱进行宣传的一种户外广告形式（见图 2-115、图 2-116）。路牌广告的表现形式多样，多以图文的形式出现，画面醒目，文字精练，立体感强，具有很强的视觉冲击效果。其可以设立在闹市或是行人较多的地段，可对经常在地段范围内活动的行人反复进行宣传，使其印象深刻，能够很好地树立和强化品牌宣传效果，提高企业的知名度，从而达到推销商品的目的。图 2-117 所示是旁氏洗面奶户外路牌广告，设计师充分利用蓝天这一外界环境，使其成为户外广告的一部分，既体现出设计师独特的创意能力，又借助周围环境达到了美观的视觉效果，使人们在看到广告的一瞬间就能感受到产品的毛孔清洁功能。

图 2-115　Craftsman 工具路牌广告

图 2-116　Ketel One 伏特加路牌广告

图 2-117　旁氏洗面奶路牌广告

图 2-120），其次是直接以车辆为载体张贴在车身上的广告，还包括以交通工具内部的车载电视、拉手、椅背等为媒介的广告。交通广告的旅客量大、受众面广，它最大的优势在于高水准的到达率和暴露频次，能够反复影响消费者，使其印象深刻，达到很好的广告宣传效果，而且由于交通广告是交通工业的副产品，因此广告成本也较低。

（4）交通广告是流动的广告，是指以公共汽车、火车、轮船等交通工具为传播媒介的一种户外广告形式，主要包括设置在公共汽车站、火车站以及地铁站内的广告牌和广告宣传画（见图 2-118 至

图 2-118　伊利地铁站广告（1）

图 2-119　伊利地铁站广告（2）

图 2-120　伊利地铁站广告（3）

（5）LED 广告是新媒体技术和户外广告发布形式的有机结合，LED 广告大多设置在商业区楼宇外立面或商场等人流量集中的地段滚动播出（见图 2-121 至图 2-124），它打破了常规广告形式的静态束缚，通过画面、声音和动作的整合，成为商业广告户外发布的最佳载体，以画面色彩丰富、立体感强、尺寸大、亮度高等视觉表现来吸引人的眼球，营造出综合的、丰富的感官刺激，给人最直观的感受。

图 2-121　首尔 Burberry LED 广告

图 2-122　纽约 Burberry LED 广告

图 2-123　纽约时代广场 LED 广告

图 2-124　重庆观音桥 LED 广告

【知识链接】

广告公司和设计公司的区别

广告公司和设计公司的职能并不相同,广告公司一般以广告代理为主,而设计公司则以设计为主,而在中国,这两者是混为一谈的,大部分本土广告公司实际上在做样本、品牌形象等设计工作,而设计公司只要能碰上广告代理的项目则决不放过。在这种背景下,"广告设计"一词被赋予了新的含义。这里的广告设计属于视觉传达设计的范畴,是指利用视觉符号传达广告信息的设计,是广告创意的视觉或听觉表现。

对广告公司而言,应该从资源、专业和品牌三个方面增强竞争力。应该明确自己的经营理念,建立强大的信息资源库,树立独特的品牌形象,拓展品牌传播渠道。广告公司应该走近客户,加强与客户面对面的交流与沟通。

【项目实训】

1. 按照传播目的划分,广告可以分为哪几种?请举例说明。
2. 公益广告有什么特征?
3. 广告的媒介形式是什么?

第 3 章 广告设计的基本要素

广告图形设计

广告文字设计

广告色彩设计

广告版面设计

3.1 广告图形设计

广告是一种视觉传递艺术，随着人们认知的增长，广告越来越受到人们的重视。在广告设计中，图形是重要的视觉表现元素，图形设计需要遵循广告宣传的宗旨进行创意设计，想让广告发挥最大的宣传作用，就必须选对图形。

图形的英文表述是 graphic，源于拉丁文 graphicus 和希腊文 graphikas，原意为图解、图示，引申为说明性的视觉符号。图形通过一定的形态表达创造性的意念，将设计思想可视化，是信息传递系统中最基本的"语言"。它有别于文字和绘画艺术，是超时空、超地域的一种世界语言，具有深刻的内涵特征，能实现更广泛的传播效应。

3.1.1 广告图形设计的类型

1. 插图类图形

插图类图形的传统意义是指用手绘的方式完成图形设计，但随着科技的发展，插图不再局限于手绘的形式，还可以在此基础上使用电脑制作或者图形合成进行表现，形成新的视觉体验。插图类图形大致又分为绘画、插画两种图形类型。

在摄影技术还未成熟时，绘画一直是广告图形中的主要表现形式。随着科技的发展，摄影技术逐渐成熟，绘画图形所占比例逐渐下降，但它仍然能够给广告带来区别于摄影的质感，具有独特的人文气质和艺术品位（见图 3-1 至图 3-3）。图 3-4 所示是以电脑绘画的方式，为南京艺术展这一主题设计的插画，画面使用了油画的质感效果，使作品极具特色，能唤起受众的人文情怀。

图 3-1 保护野生动物公益广告（1）（张东京）

图 3-2 保护野生动物公益广告（2）（张东京）

图 3-3　保护动物公益广告

图 3-4　南京艺术书展广告

插画可以说是流行文化的一部分，其深入社会各个年龄层，是一种具有夸张和幽默感的艺术形式，接受度较高。插画形象给人以轻松、亲近、真诚的心理感受（见图 3-5、图 3-6），其特点与现代商业广告追求个性、简单、趣味等特点不谋而合，主要是在广告画面中进行抽象、具象、夸张或幽默的处理，以表现不同主题的内涵，增强画面的表现力和艺术感染力。在图 3-7 中，各种卡通人物形象有序地排列在画面中，凸显出各种职业、年龄、性别、国家等信息，直接明了，各年龄段的参与者都可以理解，富有趣味性。

图 3-5　"奋进新时代，逐梦新征程"公益广告

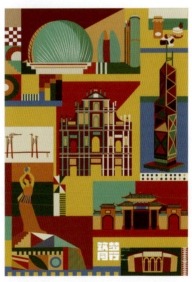

图 3-6　"筑梦同行"广告

图 3-7　"展现你的故事"广告

2. 抽象类图形

抽象类图形涵盖范围广泛，是图形设计重要的表现方式之一，包括点、线条、几何图形等多种表现形式（见图 3-8 至图 3-11），它们既可以单独使用，也可以进行组合搭配。线条本身具有粗细、方向、纹理等特性，表现出的视觉效果丰富。几何图形一般具有高度的概括性，视觉上更有冲击力。两者都可以根据广告设计的需要，做到简洁、灵活又寓意深远，也可以丰富、夸张，让人印象深刻。图 3-8、图 3-9 所示是福田繁雄的两幅作品。第一幅作品运用抽象的手法，从纳粹符号中伸出白骨般的魔爪。第二幅作品中，拳头从纳粹符号正中间穿过，而纳粹符号像纸一般被击得粉碎。运用简单的图形表现创意，效果却极为丰富，具有强烈的视觉冲击力。

图 3-8 反战公益广告（1）　　图 3-9 反战公益广告（2）　　图 3-10 Love Love Love 公益广告（1）（张芳榜 张方庞）　　图 3-11 Love Love Love 公益广告（2）（张芳榜 张方庞）

3. 摄影类图形

摄影画面有着卓越的纪实性，它可以绝对真实地展现产品的形象，具有直观性、真实性、形象性和高效性等优势，是传达广告信息最有效、最具说服力的手段。摄影可以将对象完全真实地记录下来，这是绘画类图形无法比拟的，并且制作流程非常迅速，完全符合现代快节奏商业宣传的需求。也正因为摄影照片中的形象基本都是客观物象的真实记录，所以能够给人以极高的真实性和可信度，以至于即便经过处理和美化，仍然让人感觉是对形象真实自然的写照，再加上影像艺术的加工处理（见图 3-12 至图 3-14），赋予广告更加丰富的视觉表现力。

图 3-12　Bolivar Detergent（日化）广告（1）　　图 3-13　Bolivar Detergent（日化）广告（2）　　图 3-14　Bolivar Detergent（日化）广告（3）

如图 3-15 至图 3-17 所示，隔着玻璃拍摄窗外，阴云密布的恶劣天气唤醒人们不愿出门的惰性心理。此刻麦乐送闪现就很合时宜。真实的场景让人有如身临其境，宣传的效果也就更加深入人心。

图 3-15 麦当劳广告（罗伯托·巴丁）（1）　　图 3-16 麦当劳广告（罗伯托·巴丁）（2）　　图 3-17 麦当劳广告（罗伯托·巴丁）（3）

4. 文字图形化

将文字形态进行图形化处理，是图形设计的一种特殊类型，兼具文字的准确性和图形的简洁性的特点。文字创立的本身就蕴含着图形之美，最早的文字以图形符号的形式存在，经过上千年的流传和演变，逐步抽象和简化，形成现代意义上的文字。文字图形化可以看作一次"返璞归真"，这样的图形兼具了文字表意的特性和图形的直观性与形象性特点（见图3-18至图3-20），更利于现代社会的信息传播。图3-21中的作品以"乱"字为主体，运用更具有传统韵味的书法字形，笔锋、墨迹与"乱"字相呼应，更具有视觉冲击力。

图3-18　The Path to Charity 公益广告（1）　　图3-19　The Path to Charity 公益广告（2）　　图3-20　The Path to Charity 公益广告（3）　　图3-21　电影《乱》广告（黄海）

3.1.2　广告图形设计的原则

1. 原创性

原创性是广告图形设计的难点，千篇一律地重复类似的图形，在广告中是没有意义的，无法达到宣传的效果，只有醒目、新颖、独创的图形设计，才能在各式各样的广告海洋中"跳"出来，带来极强的视觉张力，捕获受众的视线。而与其他广告雷同的图形设计，则常常会使消费者产生混淆，给"先入"的品牌做嫁衣。图形设计需要人们不断地推陈出新，挖掘新视角，也可以将原本存在的要素重新加以排列组合，用一种新颖、与众不同的方式来表达，赋予广告作品独特的力量。图3-22至图3-25所示是无印良品露营地公益广告，作品创造性地将木纹作为背景，以不同的颜色和纹理分别表现"湖泊""草原"等场景，传达出生态自然的设计理念，在同类广告中独树一帜，让人印象深刻。

图3-22　公益广告（1）　　图3-23　公益广告（2）　　图3-24　公益广告（3）　　图3-25　公益广告（4）

2. 象征性

图形设计的象征性是指通过某种具体可感知的形象或符号，暗示和启发人们产生想象，从而表现某一事物的本质或内涵。图形的历史随着人类历史的发展而发展，它早于文字和语言的产生，承担着信息传播的功能，这也决定了它具有丰富的历史意义。优秀的图形设计语言内涵丰富，常蕴含着内在的哲理，来自现实生活又高于现实生活，使得对图形的理解并不局限于表面,而须发现它包含着的特定历史文化信息以及同一形状在不同场景使用有着不同的解释。图3-26至图3-28所示是雷诺汽车广告,代表可以通行的交通标识被人类赋予了象征意义,三幅作品中,交通标识被放置在不同的大自然场景中,与恶劣的通行条件形成对比,强调了车的强悍性能。

图3-26　雷诺汽车广告（1）

图3-27　雷诺汽车广告（2）

图3-28　雷诺汽车广告（3）

3. 直观性

图形设计是一种可感知的、简练的图画式语言,具有强烈的直观性。通过图形视觉传播,可以快速准确地传递信息,与文字相比,在交流中更加畅通无阻,这样的表达能够消除信息传播过程中模糊、不清晰的缺点,从而保证信息的准确传达。简洁的图形、新奇化的表现能够使之成为最易识别和记忆的信息传播形式。一般情况下,受众被动接受广告信息,因此,越简洁、越直观的信息,也就越容易在瞬间抓住人们的视线,传递出明确的信息。而通过建构复杂的逻辑、套用烦琐的结构,过高估计消费者对产品背景的理解和分析能力,往往连传递信息的基础功能都无法完成。图3-29至图3-32所示是Zema Aliyeva设计的广告,作品运用插画的手法绘制出各类动物佩戴口罩的形象,让人清晰明了地理解"防范疫情"这一主题,非常直观迅速地表达出广告所传递的内容。

图3-29　防范疫情广告（1）

图3-30　防范疫情广告（2）

图3-31　防范疫情广告（3）

图3-32　防范疫情广告（4）

4. 趣味性

图形设计的趣味性是指图形有趣并具有幽默感,可以快速吸引人们的眼球,出乎人们的意料并拉近与观者的距离（见图3-33至图3-35的Viva Nutrition纯果胶广告）。有趣味性的图形设计以情感诉求为说服手段,可以淡化广告的功利性,还可以增添人们的生活乐趣,让受众在身心愉悦的情况下接收广告信息,在不知不觉中认同广告中的商品、服务、观点等信息。图3-36至图3-38所示是"探索无限"珍宝珠棒棒糖广告,广告通过创意插画表现了在繁杂的工作生活中,珍宝珠棒棒糖可以让人远离眼前的烦恼,作品用夸张的手法表现了人吃糖时的愉悦心情,圆圆的脑袋又与棒棒糖相似,充满趣味性。

图 3-33　纯果胶广告（1）

图 3-34　纯果胶广告（2）

图 3-35　纯果胶广告（3）

图 3-36　珍宝珠棒棒糖广告（1）

图 3-37　珍宝珠棒棒糖广告（2）

图 3-38　珍宝珠棒棒糖广告（3）

3.1.3　广告图形设计的创意

1. 联想

联想是从一个点进行思考、触类旁通、举一反三，推想到另一个点或多个点串联起来的思维过程，是图形创意的起点。图形创意是以现实中存在的形象为基础进行再创造，而这种基础形象的寻找是依据联想来实现的，通过联想可以拓展思维的边界，充分挖掘出事物之间看似没有联系的联系，再以全新的角度组合，创造出内涵丰富的视觉形象。依据所反映的事物间联系的不同，可以将联想分为接近联想、相似联想、对比联想、因果联想四类。

1）接近联想

接近联想是指事物在时间和空间上接近而形成的联想，如想到冬天就会想到下雪，是时间的联系；想到河流就会想到鱼和虾，是空间上的联系。一个人先后或者同时经历了两件或者多件事情，那么这些事情就会在人的脑海中形成联系，如"望梅止渴"，这称为接近联想。图 3-39 至图 3-41 所示是碧浪——"不惧任何污渍"的广告，三种场景中，食物飞溅出来的汁液给衣服染上污渍，人们自然会联想到碧浪洗衣液强大的去渍功能。

图 3-39　碧浪广告（1）

图 3-40　碧浪广告（2）

图 3-41　碧浪广告（3）

2）相似联想

事物在形状或性质、意义上有相似点而形成的联想，即相似联想，它也由此分为形与形的联想和意与形的联想。如看到雪会想到盐或者柳絮，古文中，"白雪纷纷何所似？撒盐空中差可拟，未若柳絮因风起"就是指形与形的联想（见图3-42至图3-44）。想到自由就会联想到翅膀，这是由于我们内心深处的认知会把翅膀当作自由的象征，所以这两者产生的联想就是意与形的联想。图3-45至图3-47由模糊的拼图引发人们关于阿尔兹海默症患者记忆退化的联想。

图3-42　万事达广告（1）

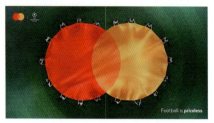

图3-43　万事达广告（2）

图3-44　万事达广告（3）

图3-45　公益广告（1）

图3-46　公益广告（2）

图3-47　公益广告（3）

3）对比联想

事物呈现相反的特点或者事物之间对立的联想叫作对比联想。它是一种逆向的思维模式，由对一件事的感知引起对与它对立、相反事物的思考，例如，冷会让人联想到热、战争会让人联想到和平、环境污染会让人联想到环境保护（见图3-48、图3-49）等。图3-50、图3-51中，设计师将图片进行拼贴形成对比效果，让战争地区与和平地区形成强烈的反差，"戏剧化"地提醒人们反对战争、追求和平。

图3-48　WWF Contrapunto公益广告（1）

图3-49　WWF Contrapunto公益广告（2）

图 3-50　反对战争公益广告（1）

图 3-51　反对战争公益广告（2）

4）因果联想

事物之间存在因果关系，由原因可以联想到一种或多种结果，这就是因果联想。这种联想往往是双向的，由因可以到果，由果也可以到因，例如，战争会让人想到死亡，浪费会让人想到资源枯竭，等等。图 3-52 至图 3-55 所示是一组保护环境的公益广告，作品展示的四类场景中都运用了因果联系的手法，触目惊心地展现了各种破坏环境的后果。

图 3-52　保护环境公益广告（1）

图 3-53　保护环境公益广告（2）

图 3-54　保护环境公益广告（3）

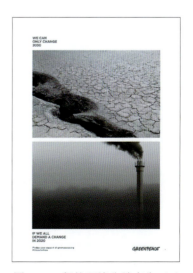

图 3-55　保护环境公益广告（4）

2. 想象

想象是利用现实中原有的某种形象形成新形象的思维过程，或者在记忆中原有形象的基础上开发、创造出新形象的过程。想象是创造性活动的原动力，是思维的一种特殊形式，是比联想更加复杂的思维活动。联想是一维的、注重现实的，而想象是多维的、超越现实的。在图形创意中，想象是一个更加广阔的空间，各种视觉元素根据创造者的意图被加工创造，创造者利用各种表现手法去组合、重构，从而构成一个创意图形。根据想象的创造性程度，可以把想象分为再造想象和创造想象两类。

1）再造想象

根据语言的描述或现有图形的线索，在头脑中建构相应的视觉形象的思维过程称为再造想象。它的形成需要自身长期积累的相应知识、经验作为基础，自身积累得越多，想象的内容才会越丰富。图 3-56 至图 3-58 所示的刀具广告通过将不同食材削得如纸一般薄来展现刀具的锋利效果，食材被切割后的形状与刀具的形状完全吻合，这属于再造想象创作出的作品。

图 3-56　日本刀具广告（1）

图 3-57　日本刀具广告（2）

图 3-58　日本刀具广告（3）

2）创造想象

创造想象是根据一定的任务、意图，在脑海中创造出崭新的视觉形象的思维过程。新形象的诞生应该是从无到有的，所以这需要自身具有丰富的素材积累，通过对许多形象素材的深入改造加工，再进行组合，以独特的视角展现新形象，从而拉开与现实的距离。相比于再造想象，它拥有更加自由灵活的空间。图 3-59 至图 3-61 所示的牙膏广告将导致牙齿敏感的常见食物进行创造想象，填充为可以联想到疼痛的工具，引出解决牙齿敏感的问题。

图 3-59　牙膏广告（1）

图 3-60　牙膏广告（2）

图 3-61　牙膏广告（3）

3.1.4　广告图形设计的表现方法

1. 同构

同构是把两个或两个以上的图形拼合在一起，构成新的图形的表现方法。在这种构成方法中，图形之间要有相联系的视觉元素，比如，可以把矛盾的对立面或对应相似的物体巧妙地结合在一起，构成一个主题鲜明、生动的新图形，这种结合将超越原有图形的价值和意义，产生复合性的价值。根据表现方式的不同，同构可以分为拼置同构和置换同构两类。

1）拼置同构

拼置同构是将两种或两种以上事物的形态、性质、意义等各取某一部分拼合成一个新形象的图形构建方式（见图3-62至图3-64），这种方法打破了不同图形之间的束缚，产生了一种特殊的视觉体验，使画面更具有冲击力。图3-63、图3-64中，宠物和人手拼合在一起，人和宠物角色的结合预示着品牌与受众感同身受，可以提供最人性化的服务。

图3-62　耐克广告

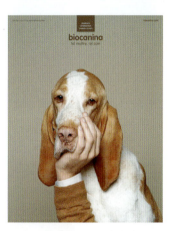

图3-63　宠物护理品牌广告（1）

图3-64　宠物护理品牌广告（2）

2）置换同构

置换同构是指事物某一特定元素被其他不属于其事物的元素所替代的一种图形构成形式。替代后的形象和原来的造型保持相对一致，通过这样一种奇幻的组合传达出图形的全新内涵，引起受众的思考（见图3-65至图3-68）。图3-65至图3-67的滚筒除毛器广告中，将滚筒置换为宠物形象，毛茸茸的造型非常俏皮可爱，同时也让广告具有令人耳目一新之感，非常具有想象力，不拘一格、搞怪十足。

图3-65　除毛器广告（1）

图3-66　除毛器广告（2）

图3-67　除毛器广告（3）

图3-68　创意广告

2. 正负形

正负图形是指正形与负形相互借用，形成在一个大图形结构中隐含着两个小图形的情况（见图 3-69 至图 3-74）。正形是指画面的主体图形，称为"图"，负形是指主体图形以外的背景部分，称为"底"，作为正形的图和作为负形的底可以相互反转，两者相互依存、相互作用，可以增强作品的视觉趣味性和神秘性。图 3-69 通过正、负性的手法表现出手和可口可乐相融共生，通过图像相互依存的形式表现两者之间的关系。

图 3-69　可口可乐广告

图 3-70　Dominic Hofstede 广告

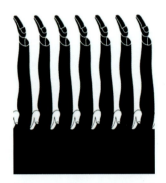
图 3-71　京王百货宣传广告

图 3-72　保护动物公益广告（1）

图 3-73　保护动物公益广告（2）

图 3-74　保护动物公益广告（3）

3. 文字成形

文字成形即以文字为素材进行设计创作的图形，在设计过程中分析文字的结构，进行形态上的改造与重组。文字本身是人类文明的载体，各地的文字也是各地文化的缩影，相对图形来说，文字可以更加准确地表达信息且更具有文化色彩，但它也因为地域的限制，不能广泛地传播利用，所以文字图形化可以将文字形象化，进而打破这层障碍，结合图形和文字的优点，两者相得益彰。图 3-75 至图 3-78 所示是张弥迪文字禅海报，其将广告主题文字进行调整变形，通过非常规的组合形式将文字图形化，从而既保留文字本身的文化色彩，又能起到直观的表达作用。

4. 解构

解构是将我们熟悉的事物的完整形象进行有意识的分解、删减、破坏，或者将破坏后的形象重新组合来获得新的内涵或视觉体验，也就是形态分离和重组，将画面中的视觉元素分离、打散，再按照自身的意图排列组合（见图 3-79 至图 3-85）。解构的重点并不在于分解，而在于如何选取重点并通过组合去强调，这有助于打破人们的思维定式，形成新的视觉冲击。在图 3-79 至图 3-81 的薯片广告中，作品选取有薯片口味的食物，利用解构的方法展示薯片酥脆的口感，使广告更有趣味性。

图 3-75　文字禅海报（1）　　图 3-76　文字禅海报（2）　　图 3-77　文字禅海报（3）　　图 3-78　文字禅海报（4）

图 3-79　薯片广告（1）　　　　图 3-80　薯片广告（2）　　　　图 3-81　薯片广告（3）

图 3-82　果汁饮料广告（1）　　　　　　　　图 3-83　果汁饮料广告（2）

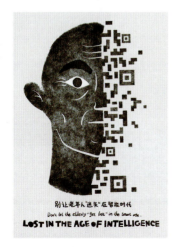 

图 3-84　关爱老人公益广告（1）　　　　　　图 3-85　关爱老人公益广告（2）

5. 双关

双关是指设计的图形可以同时解读为两种不同的形态，通过这两者的联系产生新的含义（见图 3-86 至图 3-93）。双关图形的设计需要巧妙地融合两个不同事物的形态，兼具两者的视觉特征，这对设计者是一项挑战。双关意味着图形包含两种释义，一是表面上的含义，二是暗喻，暗喻往往才是传达的重点，具有趣味性和深刻性。图 3-86 至图 3-88 中，作品用小熊的形态展现不同的水果种类，一方面代表哈里波经典的小熊包装，另一方面代表糖果的真材实料和多变口味，更能吸引消费者的眼球。

图 3-86　哈里波糖果广告（1）　　图 3-87　哈里波糖果广告（2）　　图 3-88　哈里波糖果广告（3）

图 3-89　反战海报 （1）　　　　　　　图 3-90　反战海报 （2）

图 3-91　爱尔兰求助热线广告（1）　　图 3-92　爱尔兰求助热线广告（2）　　图 3-93　爱尔兰求助热线广告（3）

6. 空间图形

空间图形手法通过在平面媒体上运用立体、透视、阴影、对比等手法，创造出空间感，使观众在观看广告时能够产生一种视觉上的深度感，增强广告的真实感和说服力。同时，空间图形手法还可以用于突出广告中的重点元素，提高广告的被关注度和被记忆度。空间图形有混合维度空间和矛盾空间两种图形类型。

1）混合维度空间图形

混合维度空间图形通常指在平面的二维空间中呈现三维的立体空间感，这是一种借用二维的视觉空间创造三维视觉空间的手法，两者的混合组成了一种奇异的景象，使现实中无法出现的场景在图形中表现出来，从而构成了一个妙趣横生、回味无穷的奇幻空间。图3-94、图3-95是冈特·兰堡设计的光明书广告，手从书籍中伸入现实空间，形成二维空间和三维空间的过渡转化，悬浮的书籍在空中投下阴影，营造出一种失重的空间感。被掌控在手中的书籍象征着握住了知识、拥有了力量，这样的形式具有想象空间，宣传效果也非常显著。

2）矛盾空间图形

矛盾空间图形建立在一些基本的矛盾结构上，这些图形利用了人眼的视错觉，对画面的不同部分采用不同的透视角度，从而形成了看似合理、实则互相矛盾的空间关系。图3-96是福田繁雄设计的超感觉博物馆广告。虽然这种手法可以制造荒诞效果，但也具有它的合理性，图形相悖而意义相通，产生了一种意想不到又引人深思的视觉效果。

图3-97的边洛斯三角形的角、线、面的结合在现实中不合常理，但在作品中，它的三个角与各个线、面的组合看似正常完整却又扭曲错误，其是超越了空间界限的一种突破组合，蕴含了多重反常规的空间视角，增强了视觉冲击力。

图3-94　光明书广告（1）　　图3-95　光明书广告（2）　　图3-96　超感觉博物馆广告　　图3-97　边洛斯三角形

7. 异变

异变是指物体形态随时间推移而发生的演化、构成过程，涉及视觉元素的规律性过渡。在图形创意中，异变是一种表现图形特殊性的构形方法，也称为延异和渐变。异变的过程符合运动变化规律和人类的思维习惯，是一种形象转换为另一种形象，强调两种元素特点的完整展现和变化过程，其重点是两种元素的过渡部分，需要设计者天马行空的视觉想象力。

异变这一构成形式具有独特的优势，它展现的是一个过程（见图3-98至图3-101），这可以让受众具有强烈的参与感，自然而然地深入其中。从图3-98、图3-99中，我们可以明确地看见汽车的变化，一步一形，对人更具吸引力。

图3-98　汽车广告（1）　　图3-99　汽车广告（2）

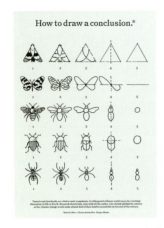

图 3-100　Mark Richardson 广告

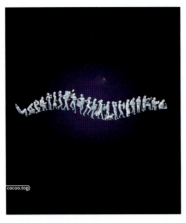

图 3-101　创意广告

8. 形态异质

将一种事物的原有材质和肌理更换到另一种完全不同的事物上，从而使两种本不相干的事物元素发生某种关系，但这两者并非胡乱拼凑，它需要一个合理的组合才可以使原本平淡无奇的形象因材质的改变而带来新奇的视觉体验，也可以表现出特定的寓意和意境。图 3-102 至图 3-107 的度假村广告选取海边、戈壁、森林、海洋等几处场景，利用各地不同的自然形态、独特的设计语言，有意识地营造出不同的笑脸，展现了人与自然的完美融合，令人更加心生向往。

图 3-102　Club Med 全球度假村创意广告（1）

图 3-103　Club Med 全球度假村创意广告（2）

图 3-104　Club Med 全球度假村创意广告（3）

图 3-105　Club Med 全球度假村创意广告（4）

图 3-106　Club Med 全球度假村创意广告（5）

图 3-107　Club Med 全球度假村创意广告（6）

3.2 广告文字设计

文字是人类书写语言的符号和信息交流的工具。在广告设计领域，文字是向外传达设计者理念与商品信息的重要媒介，它作为广告设计中的视觉要素之一，与图形相比，有着更卓越的传播效力，是更为准确的信息载体。图形的呈现可以吸引受众，但在信息传达上容易出现曲解，而文字则可以词达意至，更加直观，能让受众真正理解广告的内容。此外，文字本身具有强烈的形式美感，它可以根据各类广告内容做出不同的视觉处理，使其在广告中不仅具有阅读功能，还肩负塑造版面视觉风格的审美功能，增强了广告的视觉效果（见图3-108、图3-109），提升了广告的商业价值。与此同时，文字的编排与设计也尤为重要，在追求图形化的美感之外，也要兼顾文字本身的文化属性。

图 3-108　玩具解剖展广告

图 3-109　《大三儿》电影广告

3.2.1　广告文字的组成

1. 标题

平面广告的文字部分主要是标题文字。标题文字的作用是展示广告主题，传送广告信息的同时吸引读者的注意。标题形式的选择应与广告表达的内容一脉相连，其所要表达的意境要与广告设计的主题统一。所以在编排设计时要充分考虑其内容特点，把握整体方向，要结合主题、突出个性，做到和谐统一。图3-110至图3-112中的文字属于幽默类标题，内容表达调侃式地走心，可与当代年轻人的思想产生共鸣，成功地吸引消费者的目光。

图3-110 美团广告（1）

图3-111 美团广告（2）

图3-112 美团广告（3）

2. 正文

标题主要是为了引人注目，倘若字数过于精简，其有关商品的信息往往无法确切、全面地表达，因此，需要用正文来做相应的补充说明。我们根据广告的目的和特点，采用不同的表达形式和手法来为相应产品做文字介绍，帮助受众真正理解广告的意图（见图3-113至图3-116）。如图3-113所示，作为展览海报，标题往往只突出了主题，具体活动的内容、时间、地点等都需要正文来详细说明。而产品类广告正文不仅要起到介绍产品、说服和推动目标消费者购买的目的，也要配合广告图形完善广告创意，服从标题风格，阐述广告的主题内容。

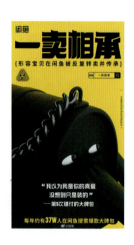

图3-113 2020关渡国际自然艺术季广告　图3-114 闲鱼广告（1）　图3-115 闲鱼广告（2）　图3-116 闲鱼广告（3）

3.2.2　广告字体的种类

广告字体随着现代社会的发展不断涌现，各种风格层出不穷，所以对于字体的选择俨然已经成为目前广告设计的一个重点。但是广告内容的特性决定广告风格的不同，所以塑造广告风格就需要与各种视觉要素相匹配，进而打造出专属的视觉体验。

1. 中文字体

根据广告中文字的用途和形态特点，可以将其粗略地分为三大类：印刷字体、书法字体、创意字体。

1）印刷字体

常见的印刷字体包括黑体、楷体、圆体等，属于规范字体，具有识别度高、古朴大方、结构严整的特点。同时各类印刷字体又独具特色，我们需根据具体的内容风格去选择，其主要用于书籍、杂志、报纸等正文的印刷（见图3-117、图3-118）。

图 3-117　杜蕾斯广告　　　　图 3-118　京东超市广告

2）书法字体

书法字体包括楷书、行书、隶书等，是具有书法色彩的字体。书法字体的展现形式丰富多样，既有因形立意的篆书，也有厚重朴拙的隶书；既有形体方正的楷书，也有纵横洒脱的草书。它们具有深厚的文化底蕴，在广告的运用上可以凸显其特有的文化属性（见图 3-119 至图 3-121，陈弥迪设计的文字禅海报）。因此，对于有历史文化色彩风格的广告而言，选用书法字体可以说是当之无愧的选择。书法字体在现代广告领域的运用日益广泛，被接受程度越来越高。

3）创意字体

在广告风格迥异的今天，常规字体已无法满足设计的需要，因此，必须创造出一些具有新意的字体来打破常规，以吸引观者的眼球，这也是成功广告必备的条件。通常情况下，设计风格由广告特性决定，我们可以将字体和字体本身的释义进行深入挖掘，在追求个性的同时保留其本身独具特色的识别性（见图 3-122 至图 3-124）。而创意字体一般会在已有的字体上进行变形改造，融入各种好玩、新奇的创意元素，常用于标题、广告语等。

图 3-119　文字禅海报（1）　　　图 3-120　文字禅海报（2）　　　图 3-121　文字禅海报（3）

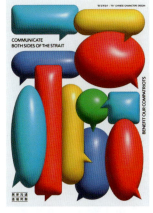

图 3-122　《两岸沟通 造福同胞》广告（王彦坤）　　图 3-123　《两岸同福》广告（1）　　图 3-124　《两岸同福》广告（2）

2. 英文字体

英文字体在现代广告中也发挥着重要的作用。汉字与英文的多元结合，兼顾了中外的消费群体，更有利于走向国际。同样，英文字体的种类也异常繁多，整体上可以分为衬线体、非衬线体和其他字体。

衬线体的特点是爪形衬线，装饰感十足，结构上笔画粗细有别，严谨规范，与中文宋体相似，横细竖粗，具有高雅严肃、精致独特等特点（见图3-125至图3-127）。非衬线体与衬线体相比较，没有装饰的衬线，结构简洁，粗细均衡，与中文黑体相似，具有大方端正、简单明了、严肃醒目的特点（见图3-128、图3-129）。

其他字体主要包括书写体、创意字体等。书写体与中文书法体相似，字母之间常常相连，书写流畅，细节上的装饰带来精致而又优雅的视觉效果（见图3-130至图3-131）。创意字体是将英文的笔画结构进行变形，塑造出全新的视觉形象。英文字母结构简单，几何感较强，在创意设计方面更具优势。

图3-125　费尔蒙酒店广告（1）

图3-126　费尔蒙酒店广告（2）

图3-127　费尔蒙酒店广告（3）

图3-128　大众广告（1）

图3-129　大众广告（2）

图3-130　可口可乐广告

图3-131　felix pfäffli 广告

3.2.3 文字设计的风格

文字设计的风格是指文字表现出的一种综合特点，它代表着设计的性格特点，可以适用于各类广告内容的呈现。文字设计既需要有自己的特色，又需要建立在服务的项目基础之上，通过对文字风格的把控，可以提升文字在广告中的应用效果，让整体广告更具魅力，引人注目。

1. 端庄典雅型

此类字体的造型流畅优雅、笔画清秀，字体优美华丽、富有格调，给人一种浪漫、优雅、柔美的视觉体验（见图3-132至图3-135）。其中最具代表性的是中文字体中的宋体和英文字体中的罗马体，这种风格常被用于名片、西餐厅菜单以及消费者群体中以女性为主的产品广告，其较为细腻的笔画亦能为产品带来独特的质感。图3-132至图3-134中的地产广告选用更端庄大气的宋体，品牌格调展示得淋漓尽致，同时使其在诸多中规中矩的广告中脱颖而出。

图3-132　地产广告（1）　　图3-133　地产广告（2）　　图3-134　地产广告（3）　　图3-135　展览广告

2. 古朴苍劲型

这类字体造型朴素，往往带有书法的色彩，有着厚重的文化底蕴和历史内涵，给人一种复古怀旧之感。如中文字体中的行书、隶书等字体都属于这种风格。这类字体在具有传统色彩的广告中可谓点睛之笔，给人以深沉、复古的视觉体验，引发受众对历史文化的潜在记忆，并与之形成共鸣（见图3-136至图3-140）。图3-136至图3-138是一组麦当劳广告，这组麦当劳广告将文字作为视觉的中心，选择具有手绘质感风格的插画配上古朴苍劲的字体，使之更具有人文气息和历史氛围。而麦当劳作为国外快餐品牌，选择具有中国风的表达方式可以拉近与国人的距离，更有利于打动国内庞大的消费者群体。

图3-136　麦当劳广告（1）　　图3-137　麦当劳广告（2）　　图3-138　麦当劳广告（3）

图3-139 丰衣足食系列广告（1）

图3-140 丰衣足食系列广告（2）

3. 灵动流畅型

在广告中我们有时会看到一些字体既不属于传统规整类，也不属于完全打破常规的创意类，而是介于两者之间，笔画轻盈，造型自然流畅，整体讲究随性自然，没有固定的样式限制，给人以欢快、自由、轻松的感觉。广告可以同时呈现出精致又随性的效果，营造出极具浪漫格调又不失亲和力的氛围。图3-141至图3-143所示是LG乐金电子广告，流畅的字体搭配跳动的音符与产品和谐有趣的使用场景融为一体，使品牌更具亲和力，完美展现出乐金电子融入生活的产品理念。

图3-141 LG乐金电子广告（1）

图3-142 LG乐金电子广告（2）

图3-143 LG乐金电子广告（3）

4. 稳重挺拔型

这类字体造型严谨，方正有形，沉着坚固，有着十足的力量感。"安全感"是对这类字体的特征性概括（见图3-144）。对于严肃正统风格的广告而言，它需要向受众传达出安全可靠的信息，从而获得受众的信任，因此，该字体便顺理成章地成为这类广告的最优选择。例如，地产类广告、食品类广告、机械类广告等，通过这种广告设计风格可以帮助企业树立可信赖的产品形象。图3-145中的广告选用稳重挺拔的字体作为广告主体并与建筑相得益彰，使其更具力量感和视觉冲击力。

图3-144 LG乐金电子广告（4）

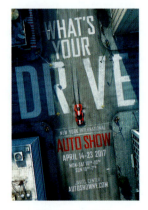
图3-145 纽约Dan Forkin Studio广告

5. 卡通趣味型

在表现趣味活泼的广告中，卡通趣味性字体可以发挥其独具特色的优势。通过形态生动、笔画夸张幽默、富有趣味的字体，辅以鲜明的色彩，使其更具表现力的同时还可以融入受众熟悉的卡通形象进行组合变形，进而提升广告的传播价值和视觉效果（见图3-146、图3-147）。同样的方式还可以用在以儿童和年轻人为主要消费群体的广告中，如零食、玩具、书籍等。图3-148中的广告将标题文字进行卡通趣味性的处理，尽显童真色彩，不仅唤起人们的童年记忆，而且更加符合追忆旧时光的主题。

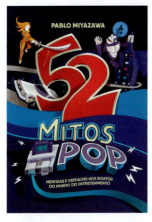  

图3-146　巴西UNINASSAU学院广告　　图3-147　品风味看才艺广告设计　　图3-148　诚品书店广告

6. 新颖奇特型

字体设计中，奇特的造型效果往往可以瞬间抓住人们的"眼球"。在广告盛行的今天，常规的广告已经很难打动受众，顺应时代潮流，新颖奇特型字体应运而生。这类字体彻底打破了常规字体的限制，在笔画结构上以及表现效果上追求夸张、新奇、创意的目标，同时还符合当下人们的审美取向，这便需要设计师的思维想象力不断推陈出新、更新迭代。图3-149中，木材材质与主体的木质酒瓶呼应，使表达更具连续性。图3-150、图3-151用各类物品拼贴出标题文字，视觉表现新奇夸张，与展览主题"新一代设计展"相呼应，更符合如今受众群体的审美取向。

图3-149　伏特加广告　　图3-150　新一代设计展广告（1）　　图3-151　新一代设计展广告（2）

3.2.4　文字设计的原则

1. 确保文字的可识别性

文字最早被用于广告是为了传递信息，所以文字设计也应保留其基本功能。不允许被识别的文字无法向外界传达设计者的理念和商品的信息，如果陷入这样的困境，文字的基本功能将会丧失，因此，在文字设计的过程中，要注重艺术性和可识别性相统一（见图3-152至图3-154）。在突出创意设计的同时还要考虑受众阅读的体验效果，避免为了盲目追求艺术感而毫无章法地改变结构、增减笔画。图3-155广告中，在文字设计上选用了波纹效果进行创新，实现文字创意的同时也将其控制在可被识别的范围内，可谓一举两得。

  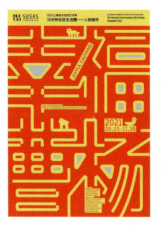 

图 3-152　阿那亚海报（1）　　图 3-153　阿那亚海报（2）　　图 3-154　上海城市空间艺术季海报　　图 3-155　BFI 英国电影协会系列宣传广告

2. 赋予文字鲜明的个性

文字设计在传递信息的基础上，还要追求表达上的个性化魅力，这就需要文字摆脱千篇一律、单调乏味的常规形象，为受众提供更为鲜明的视觉体验（见图 3-156 至图 3-160）。追溯历史，文字从象形文字发展而来，其本身极具表现力，所以需要我们不断在字体结构或其代表含义中发掘、推敲各种艺术表现手法，从而提升文字在广告中的视觉表现力。图 3-161 中的文字作为广告版面占比最大的主体，通过重叠、描边等表现方式使文字更具独特性和艺术性，能够快速抓住人们的眼球。

图 3-156　深圳设计周广告　　图 3-157　FACE TO FACE X HI 百货互动展览广告

图 3-158　美团外卖广告（1）　　图 3-159　美团外卖广告（2）　　图 3-160　美团外卖广告（3）

图 3-161 文化讲堂广告

3. 保持文字在视觉效果上的美观大方

文字作为广告中的重要设计元素之一,在满足基本功能的基础上,在视觉上提供形式美感也是其必备的要求(见图 3-162、图 3-163)。因此,要想更有利地发挥文字的审美功能,既要遵循字体设计中形态美的设计原则,也要符合当下流行的审美和潮流。图 3-164 中,设计师将文字进行了恰当的弧度处理,使其更好地贴合画面主体的人物形象,让作品整体更加和谐。

图 3-162 汉堡王广告(1)

图 3-163 汉堡王广告(2)

图 3-164 圣诞广告

4. 注重文字整体的和谐美感

在广告作品中,只有各种视觉元素和谐统一才能最大限度地呈现出想要的宣传效果(见图 3-165 至图 3-167)。首先,在保证风格一致的同时还要使表现形式服务于画面内容。如图 3-168、图 3-169 所示,如果将作品中的字体替换成纤细的宋体,那么整体视觉效果将会大打折扣。其次,主次关系要明确,广告中如果是以文字作为画面主体,那么文字设计可以夸张夺目,但如果文字只是作为辅助的角色,那就要"退位让贤",这样的画面才更有层次感,受众才会获得更好的视觉享受。

图 3-165 天猫国际广告(1)

图 3-166 天猫国际广告(2)

图 3-167 天猫国际广告(3)

第 3 章 广告设计的基本要素

图3-168 乔丹广告（1）

图3-169 乔丹广告（2）

3.2.5 广告文字的编排

1. 左对齐或右对齐

这是一种相对灵活的编排方式，其特点是张弛有度、文字的空间感强。左对齐或右对齐都可以保持一条清晰的垂直线（见图3-170至图3-174），另一边可选择随视觉感受进行编排，这样就中和了严谨和随性两种特征。左对齐的方式一般更符合人们的阅读习惯，而右对齐在某些特殊的时候采用会显得比较新颖，但不适合大段文字的排列，因为这样对于受众而言，会存在某种程度的阅读障碍。

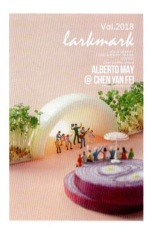
图3-170 上海萌豆嘉年华亲子餐厅广告（1）

图3-171 上海萌豆嘉年华亲子餐厅广告（2）

图3-172 索尼耳机广告（1）

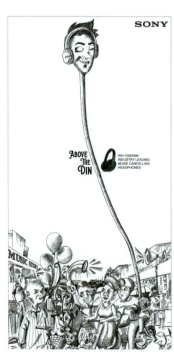
图3-173 索尼耳机广告（2）

图3-174 索尼耳机广告（3）

2. 左右对齐

左右对齐即文字的编排保持从左端到右端长度相等，这是最常见的段落对齐方式，可以让广告文本看起来更加清晰、简洁，也更易于阅读（见图3-175至图3-177）。它可以帮助广告受众更快地理解和读取文本内容，从而增加广告的效果和吸引力。文字本身也会呈现出一种整齐、严谨、端正之美。

图3-175　北面广告（1）　　　图3-176　北面广告（2）　　　图3-177　电通广告

3. 中轴对齐

以中心为轴线，保持左端和右端文字字符数相等（见图3-178至图3-180）。这种方式可以使整个版式简洁精致，具有对称之美，让文本在视觉上更加平衡，能够让读者更容易阅读和理解文本内容，并且更能突出中心。在广告中，中轴对齐的应用可以使文本在视觉上更加整洁、易读，并且能够突出广告的主题和信息，增加广告的效果和吸引力。

 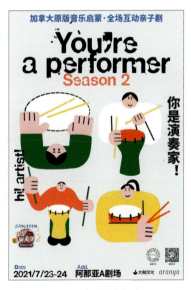 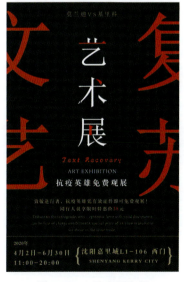

图3-178　音乐剧广告（1）　　　图3-179　音乐剧广告（2）　　　图3-180　艺术展海报

4. 文字绕图

文字绕图即文字围绕图片的轮廓进行编排，两者形成一个有机的整体，从而使展现的内容更加生动有趣，版面结构更加紧密，加强了视觉冲击力（见图3-181至图3-183）。这种文字排列方式通常用于强调广告中的重要信息或品牌名称。通过让文字围绕图片排列，广告可以更加突出品牌形象和产品特点，同时也可以增加广告的趣味性和视觉吸引力。

图 3-181　调味品广告（1）　　　图 3-182　调味品广告（2）　　　图 3-183　啤酒广告

5. 自由排列

自由排列是指根据实际情况，设计师通过自由灵活的文字编排更好地展现其创意思维，从而给受众带来新鲜感（见图 3-184 至图 3-188）。无论是文字的位置还是文字与图片的关系都可以自由把控，与此同时，也要重视整体版面的和谐与视觉美感。

图 3-184　澳门回归祖国 20 周年广告（1）　　　图 3-185　澳门回归祖国 20 周年广告（2）

图 3-186　小度广告（1）　　　图 3-187　小度广告（2）　　　图 3-188　小度广告（3）

3.3 广告色彩设计

3.3.1 色彩原理

色彩是广告设计中最重要的元素之一，它相对于图形、文字等元素更先让人感知到。当我们看到某个广告时，第一眼感受到的就是色彩信息，体验到色彩引发的感情效应。一个成功的广告色彩设计不仅能正确传达商品信息，引起消费者的兴趣，激发消费者的购买欲望，还能为企业和品牌塑造良好的形象。

1. 色彩三要素

广告色彩三要素包括色相、明度、纯度三个方面。

1）色相

色相是指色彩所表现出的本来面貌，是不同波长的光给人的不同感受。色相是色彩最重要的特征，可以比较确切地表示某种颜色的名称。色彩的三原色分别为红、黄、蓝。它们是色彩体系中最基本的三种颜色。从原则上来讲，所有的颜色都能通过三原色调配而成。

色彩也分为有彩色和无彩色两大类（见图 3-189）。有彩色是指由从光谱中反射出来的红、橙、黄、绿、青、蓝、紫组成的色带。无彩色是指光谱以外的色彩，即黑、白、黑白调出的灰，它们本身没有色彩和冷暖倾向，只有明度差别而没有纯度差别。图 3-190 中的色相环以中间红、黄、蓝三原色为基础，红色与黄色可调配出橙色；黄色与蓝色可调配出绿色；蓝色与红色可调配出紫色。因此橙色、绿色、紫色称为间色，也叫作二次色。同理，在此基础上又可根据颜色配比调配出多种颜色，由此形成色相环。色相丰富多彩，除了大家熟知的红色、黄色、绿色等命名形式，其他色相的命名方法多种多样、形象生动。普遍规律是以动物命名、以植物命名、以矿物质命名、以大自然命名等，如象牙白、孔雀蓝、玫瑰红、草绿、天蓝、金色、银色、古铜色等。

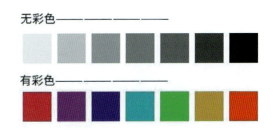

图 3-189　有彩色与无彩色

图 3-190　色相环（1）

2）明度

明度是指色彩的明暗程度，即色彩的亮度、深浅程度。世界上各种有色物体颜色的明暗程度是根据它们的反射光量的多少而产生的，色彩明度有同一色相明度不同（见图 3-191）和不同色相明度不同（见图 3-192）两种情况。同一种颜色在强光照射下显得较亮，颜色较浅；而弱光照射下显得较暗，颜色较深。同一种颜色能根据加黑的多少产生各种不同的明暗层次。在无彩色类中，最高明度是白色，最低明度是黑色。在有彩色类中，最明亮的是黄色，最暗的是紫色。色彩明度色相环（见图 3-193）从中间到四周明度逐渐降低。

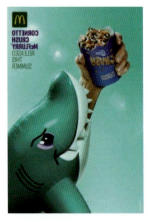

图 3-191　麦当劳创意广告　　　图 3-192　VOGUE×天猫广告　　　图 3-193　色相环（2）

3）纯度

纯度是指色彩的纯净和鲜艳程度，也可以称为艳度、纯净度、彩度或饱和度等。色彩的纯度越高，颜色就越鲜艳；纯度越低，颜色就越暗淡。纯度最高的色彩称为原色，随着纯度的降低，会逐渐变为暗淡没有色相的色彩，直至变成无彩色（见图3-194，色彩从左至右纯度逐渐降低）。

图 3-195 与图 3-196 都是天猫的创意广告，却在配色方面完全不同，进而所表达的广告主题和氛围也各不相同。前者所用颜色明艳，纯度较高，广告给人欢快活泼的色彩感受；后者所用色彩纯度较低，相对于前者色彩冲击力较弱，画面显得沉稳许多。

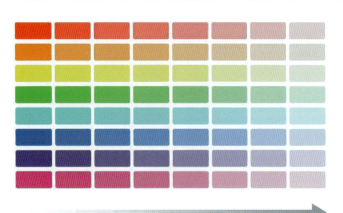

图 3-194　色彩纯度变化图　　　图 3-195　天猫创意广告（1）　　　图 3-196　天猫创意广告（2）

2. 色彩的对比

色彩的对比主要包括色相对比、明度对比以及纯度对比。

1）色相对比

色相对比是指将两个不同色相的元素进行对照，这种表现方式的目的是减弱单一色相的单调乏味感，增强视觉效果，从色相反差和画面比例方面塑造广告的中心主体（见图3-197、图3-198）。

图3-198 的糖果广告中，作品以橙色为底色，搭配紫色的主体物，橙色与紫色的对比使广告画面清晰明了、干净整洁且主题突出。

2）明度对比

明度对比是指色彩明暗程度的对照。色相明度差别的大小决定了色彩对比的强弱，即明度差别越大，对比就越强；明度差别越小，对比就越弱。所以，在不同深浅的底色上放置同一种颜色，所产生的对比程度也各不相同。高明度的对比关系能减弱色相的差异，给人统一的感觉，色调整体干净、明快；中明度的对比关系给人稳重、含蓄的感觉；低明度的对比关系给人的感觉较为沉闷，但可与多种色相调和，形成和谐的画面色调。在广告设计中，运用色彩明度对比能使画面呈现出空间感和层次感；而按照一定的规律运用色彩明度对比，则会使画面产生节奏和韵律的美感。图3-199所示是Big Cat Rescue组织广告，作品用明度对比的关系表现老虎幼崽比人们想象得更脆弱。画面中无数双手从黑暗中伸向老虎幼崽，将老虎幼崽的整个头部蒙住，寓意着人类的捕杀，进而呼吁人们保护老虎幼崽，禁止捕杀。作品中的背景底色与人的手部形成强烈的明度对比，营造出神秘、庄重的氛围，符合广告主题，也成为这幅广告的点睛之笔。

图3-197　巧克力工厂广告　　图3-198　Lino Oats糖果广告　　图3-199　Big Cat Rescue组织广告

3）纯度对比

纯度对比是指色彩饱和程度的对比。在广告设计中，并非色彩纯度越高，颜色就越漂亮；色彩纯度越低，颜色就越丑陋。画面美不美的关键在于色彩的对比、搭配（见图3-200至图3-202）。若画面中全是纯度较高的颜色，会给观者刺眼、不舒服的感觉；若画面中全是纯度较低的色彩，则会有闷、脏、不通透等感觉。高纯度的色彩对比有很好的穿透力，能极好地捕捉视觉，常用于户外广告媒体中，如儿童、女性、青少年等使用的活泼且个性鲜明的商品。中纯度的色彩对比相对于高纯度的色彩对比显得成熟、稳重、大方许多，多用于价位、档次较高的商品。低纯度的色彩对比则给人干练、沉稳之感，多用于男性商品的配色。图3-203是一幅抵制网络暴力的创意广告，该广告将色彩纯度较低的主体画面与纯度较高的蓝绿色对话框形成对比，使"网络暴力"这一主题尤为突出，让观者明显看出广告意图，引发思考。

图3-200　Moneim+Gado组织广告（1）　　图3-201　Moneim+Gado组织广告（2）　　图3-202　Responsible Party组织广告　　图3-203　网络暴力创意广告

3. 色彩的调和

色彩的调和大致可分为同类色的调和、类似色的调和与对比色的调和三大类。

（1）同类色的调和是指同一种色调的不同颜色搭配在一起的调和关系（见图3-204、图3-205）。例如，我们在日常生活中穿浅蓝色的上衣同时搭配深蓝色的裤子，这就是同类色的调和。图3-204所示是预防乳腺癌创意广告，该广告在主色调方面选择粉色，对于文字、图片和其他元素也都选用了不同的粉色作为搭配，使整幅广告画面风格协调一致，同时符合女性消费者的性格特征。

79　　第3章　广告设计的基本要素

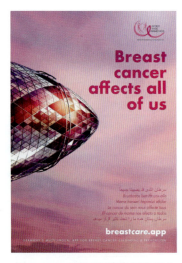

图 3-204　预防乳腺癌创意广告

图 3-205　Obli 金融广告

（2）类似色的调和是指将两种或两种以上接近的色彩搭配在一起的调和关系，如黄色与橙色、蓝色与紫色等。类似色调和与同类色调和会有视觉上的差异，不会造成单调、无聊的视觉（见图 3-206、图 3-207）。如图 3-206 所示，绿色和黄色是色相环中相邻的色彩，这两种颜色搭配在一起不会刺眼突兀，同时会给人协调舒服的视觉感受。

（3）对比色的调和是指色相环中两种距离较远的色彩的搭配，如蓝色与红色（见图 3-208）、黄色与紫色（见图 3-209）等。这样的色彩调和方式具有一定的视觉冲击力，更加吸引大众的眼球。如图 3-209 所示，广告画面中的紫色和黄色属于对比色的调和，对比色在一起会给人很强的视觉冲击力，使观者印象深刻。

图 3-206　WWF 组织广告　　图 3-207　Biti 服饰广告　　图 3-208　Cu4tro Soles 酒精饮料广告　　图 3-209　Tomi 食品广告

3.3.2　色彩三要素在广告设计中的应用

1. 色相在广告设计中的应用

色相在广告设计中可采用单一色相和多种色相两种形式。单一色相多用来表现某种追求和态度，能更好地体现画面，具有单纯的表现能力（见图 3-210 至图 3-213）。图 3-210 至图 3-212 所示是 Scib 油漆系列广告，分别用单一色相红色、黄色、绿色的苹果来表现不同的油漆颜色特征，这样既可以表现该品牌油漆颜色纯正，也表现出该品牌健康有机的特点。除此之外，在大多数的广告设计作品中，多种色相的广告最为常见，它能体现色彩的多样性和丰富性，符合现代人的审美（见图 3-214 至图 3-218）。例如，图 3-214 Vodafone 通信广告与上个示例的油漆广告在色彩表现方面完全不同，该通信广告在无彩色灰色的基础上，配有蓝、黄、黑、绿、红五条丝带，增加了视觉丰富性，减弱了视觉疲劳感。

图 3-210　Scib 油漆广告（1）

图 3-211　Scib 油漆广告（2）

图 3-212　Scib 油漆广告（3）

图 3-213　La Bamboo 日用品广告

图 3-214　Vodafone 通信广告

图 3-215　Activia 食品广告

图 3-216　字节跳动创意广告

图 3-217　电影《来都来了》广告

图 3-218　五芳斋品牌广告

2. 明度在广告设计中的应用

高明度配色是指将各种色相中接近白色的颜色进行组合。颜色整体较亮，清晰度较高，具有明快、活泼的视觉效果（见图 3-219 至图 3-221）。图 3-219 所示是儿童服饰品牌广告，其运用明艳的高明度配色，展现儿童活泼好动的性格特征，符合儿童的审美特点。

中明度配色主要采用中调区域的色彩进行组合，这个明度的色彩既不刺眼、明亮，也不灰暗、沉闷。在表现方式上更加灵活，所使用的广告设计类型也更多（见图 3-222 至图 3-225）。图 3-225 中 Vestel 手机品牌广告主要采用中明度的色彩搭配，整体画面效果低调、和谐，符合手机品牌定位。

低明度配色主要采用接近黑色的色彩组合，给人以谨慎、稳定、含蓄、婉转、神秘、严肃之感（见图 3-226 至图 3-229）。图 3-227 所示是纪录片《国家宝藏》的广告海报，该广告采用的色彩明度较低，整体给人稳重、大气、历史感。

图 3-219　Biti 服饰广告

图 3-220　酒精饮料广告

图 3-221　夸克品牌广告

图 3-222　啤酒品牌广告

图 3-223　饰品创意广告

图 3-224　教育创意广告

图 3-225　Vestel 手机品牌广告

图 3-226　反对家庭暴力广告

图 3-227　纪录片《国家宝藏》广告

图 3-228　大众汽车广告（1）

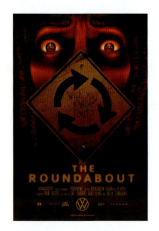
图 3-229　大众汽车广告（2）

3. 纯度在广告设计中的应用

在广告设计中，有时在画面背景处大面积使用高纯度色彩，确定色彩基调，在主图案上加其他色彩点缀，能达到想要的视觉效果（见图3-230、图3-231）。如图3-230所示，在高纯度的红色上配有一些蓝绿色，使整幅画面极具科技感与视觉冲击力。

中纯度色彩在广告设计中最为常用，它具有适用范围广、适用产品种类多、表现力强等优点（见图3-232、图3-233）。图3-232所示是天猫超级品牌日的广告海报，该广告模仿西方油画的表现特点，色彩纯度中等，与广告语"一杆定优雅"相呼应，尽显优雅之态。

低纯度色彩在广告设计中常用于某些氛围和功能的营造，在图3-234酒驾创意广告中，画面采用的色彩纯度较低，营造出酒驾危险的氛围，从而呼吁人们请勿酒驾。

图3-230　天猫广告（1）

图3-231　BITI服饰广告

图3-232　天猫广告（2）

图3-233　电动踏板车安全广告

3.3.3　广告设计中色彩的心理感觉

1. 色彩的冷暖感

冷暖感是人体对于外界环境温度变化的感受，而色彩的冷暖感是人类由于经验和习惯而产生的一种感觉。例如，太阳和火焰的色彩偏黄、偏橙，当人们看到红色、黄色、橙色时，心里就产生温暖的感觉（见图3-235至图3-238）；冰、雪、大海的色彩偏蓝、偏绿，当人们看到这类颜色时，心里会产生寒冷的感觉（见图3-239至图3-241）。

图3-236、图3-237所示是Alaska机构创意广告，画面中用黄色表现正在燃烧的熊熊火焰，使人看到画面就如同感受到火焰的炙热。图3-240所示是斯

图3-234　酒驾创意广告

柯达汽车广告，作品用蓝、白两色来表现冰雪天气和氛围，突出斯柯达汽车能安全应对冰雪天驾驶的特点。

图3-235　麦当劳广告

图3-236　Alaska机构创意广告（1）

图3-237　Alaska机构创意广告（2）

图 3-238　天猫精灵广告

图 3-239　方太洗碗机广告

图 3-240　斯柯达汽车广告

图 3-241　华为电子产品广告

2. 色彩的轻重感

"轻重"二字本是用来描述物体重量的词汇，但在广告设计中，色彩也能表现出元素的轻重感觉。影响色彩轻重感的主要因素是色彩的明度，高明度具有轻感（见图 3-242 至图 3-246），低明度具有重感（见图 3-247 至图 3-251）。其次是纯度，在同等明度、同等色相的条件下，纯度高的给人的感觉轻，纯度低的给人的感觉重。

图 3-244 至图 3-246 所示是家乐福超市广告，高明度的白色购物清单在蓝色的背景衬托下给人轻飘飘的视觉感受，重量感较轻，而图 3-247 至图 3-249 的整体色彩明度较低，低明度的画面给人沉甸甸的重量感。

图 3-242　Monteiro 献血组织广告

图 3-243　104FM 音乐广告

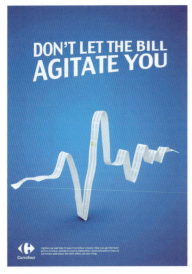
图 3-244　家乐福广告（1）

图 3-245　家乐福广告（2）

图 3-246　家乐福广告（3）

图 3-247　里斯本机场广告（1）

图 3-248　里斯本机场广告（2）

图 3-249　里斯本机场广告（3）

图 3-250　东风日产汽车广告（1）

图 3-251　东风日产汽车广告（2）

3. 色彩的软硬感

色彩的软硬感与明度、纯度有关。当色彩明度较低，同时含有灰色调时具有硬感（见图 3-252 至图 3-254）；当色彩明度较高，同时又含有灰色调时具有软感（见图 3-255、图 3-256）；在纯度方面，纯度越高越具有硬感，纯度越低越具有软感。

如图 3-252 所示，Viagra 医药广告用坚硬的建筑风景来表现画面主题，色彩搭配明度低，与图 3-255 床上用品广告不同的是，床上用品所要表现的是柔软舒适感，通常会采用白色、浅灰色、浅黄色等明度较高的色彩，这类色彩符合商品属性，给观看者温暖、柔和、安全的感觉。

图 3-252　Viagra 医药广告　　　　　图 3-253　WWF 组织广告　　　　图 3-254　安踏品牌广告

图 3-255　SOVA 床上用品广告　　　　　　　图 3-256　Novomed 健康医疗广告

4. 色彩的兴奋与沉静感

色彩的色相、明度、纯度都是影响色彩的兴奋与沉静感的因素。在色相方面，暖色系具有兴奋感，冷色系具有沉静感（见图 3-257、图 3-258）；在纯度方面，纯度高的色彩具有兴奋感，纯度低的色彩具有沉静感（见图 3-259、图 3-260）；在明度方面，明度高的色彩具有兴奋感，明度低的色彩具有沉静感（见图 3-261 至图 3-262）。

图 3-259 麦当劳广告与图 3-260 WWF 组织雾霾广告在色彩搭配方面分别体现了色彩的兴奋与沉静感，前者色相搭配丰富，色彩明度、纯度都较高，体现了食物美味诱人的特点；后者色相单一，色彩纯度低，突出雾霾天气低沉、昏暗的氛围。

图 3-257　Directv 电子科技广告　　　　　　　图 3-258　Sundown 防晒霜广告

图 3-259　麦当劳广告

图 3-260　WWF 组织雾霾广告

图 3-261　Changan 交通广告

图 3-262　大众汽车广告

5. 色彩的华丽与朴实感

色彩的华丽和朴实感与纯度和明度有关。纯度、明度高，鲜艳明亮的色彩往往给人华丽之感（见图 3-263 至图 3-265）；而纯度、明度低，厚重深暗的色彩往往给人朴实之感（见图 3-266、图 3-267）。从色相上来看，黄、红、橙等暖色具有明快、辉煌、华丽的感觉；而蓝、蓝紫等冷色具有沉着、朴实感，相对具有朴素感。但色彩的华丽与朴实感也不是一概而论的，而是相对而言的。

图 3-263 至图 3-265 将新冠疫情广告做成奢侈品广告的样子，配色奢华且有质感，图 3-267 禁止雇用童工广告与之相比就显得朴实了许多，这两幅广告所表达的主旨含义不同，在配色表现方面也就各不相同。

图 3-263　Greenroom 组织广告（1）

图 3-264　Greenroom 组织广告（2）

图 3-265　Unicef 组织广告
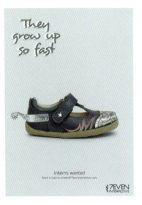
图 3-266　7even 品牌广告

图 3-267　禁止雇用童工公益广告

3.3.4　广告设计中的配色规律

1. 色彩基调

色彩基调也叫主色调，是指画面呈现的整体色彩倾向，通俗地讲，即画面中使用面积最大的色彩。图 3-268 麦当劳食品广告和图 3-269 饮品广告分别以红色和绿色作为主色调，突出各自的企业性质和健康理念。在广告设计过程中把握色彩基调是关键，画面有了色彩基调，才能突出广告主题，给人统一、完整的第一印象。

2. 对比与均衡

对比与均衡是形式美的基本法则之一，也是广告设计中的配色规律。例如，若在某一则广告中只用蓝色来表现画面（见图 3-270），观者难免会产生视觉疲劳，无法吸引消费者对商品进行下一步的

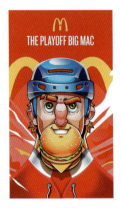
图 3-268　麦当劳食品广告

图 3-269　饮品广告

了解，这时就体现出对比与均衡的重要性。注重对比与均衡会减轻观者的视觉疲劳感，起到一定的视觉分散效果。对比是利用色彩的差异性来提升广告的亮点，刺激人的视觉，降低视觉疲劳感的同时使画面变得相对舒适、平缓（见图 3-271、图 3-272）。

图 3-270　美妆品牌广告

图 3-271　McDonald 食品广告（1）　图 3-272　McDonald 食品广告（2）

3. 掌握节奏

在人们的印象中，节奏会令人联想到音乐，殊不知在广告设计中也讲究色彩节奏。广告设计中的色彩节奏是指画面中色彩的色相、明度和纯度的规律变化，设计者常常通过色彩的节奏来体现商品的特点（见图 3-273）。例如：运动产品常常会展示出力量、活力（见图 3-274）；男性产品常常要体现男性的硬朗和阳刚气；食品要展现出美味、诱人等特点。

图 3-273　Vero Vino 油漆广告

图 3-274　耐克运动鞋广告

4. 突出强调

每则广告都有宣传目的，或宣传产品、宣传品牌，或传达某种精神，公益广告也会突出某种含义，而用色彩去辅助突出强调是设计者最常用的技巧。色彩除了渲染氛围，还能与功能相呼应，从某种角度来讲可以刺激消费者消费（见图 3-275 至图 3-278）。如图 3-275、图 3-276 所示，屈臣氏宣传广告将广告宣传语的文字放大、色彩突出，强调产品理念，进而达到宣传目的。

图 3-275　屈臣氏宣传广告（1）

图 3-276　屈臣氏宣传广告（2）

图 3-277　卫生安全中心创意广告（1）

图 3-278　卫生安全中心创意广告（2）

5. 灵活渐变

色彩渐变是指不同色相或同色相不同明度之间的变化（见图 3-279 至图 3-283）。色彩渐变能表现多种情感，适用的广告类型也较多，能更好地表现具有运动感的画面，在图 3-279 Keep 运动软件宣传广告和图 3-280 阿迪达斯运动品牌广告中，作品都以渐变色为背景色，与商品属性相符合，激发消费者的购买欲望。

图 3-279　Keep 运动软件宣传广告

图 3-280　阿迪达斯运动品牌广告

图 3-281　非白工作室创意广告

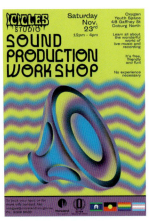

图 3-282　夜店创意广告　　图 3-283　渐变创意广告

如图 3-284 所示，日本三得利广告中的一幅幅小插画就是点元素，将足球术语与插画相结合，以点元素铺满背景，从而突出中间的主题。

图 3-284　日本三得利广告

3.4 广告版面设计

图 3-285　纽约字体艺术指导俱乐部年度展广告

3.4.1　广告版面设计的基本要素

版面是广告设计过程中不可忽视的部分，它是根据特定主题和视觉需要在有限的区域内将图片、文字、色彩等元素进行排列组合所形成的平面展示。点、线、面是广告版面设计最基本的要素。设计者在创意表现时，不论图形、文字、色彩都要在三要素的规则下进行创意，而且设计的效果也与版面设计有很大的关系。

1. 点元素

版面设计中的点元素是一个相对的概念，没有固定的大小和形状，可以是圆形、三角形、四边形，还可以是文字、人、建筑等。它主要是指在某一版面中单独的且较小的形象。点元素是最简单的形态，但它有着生动的表现力，可以产生多种多样的视觉效果（见图 3-284 至图 3-289）。

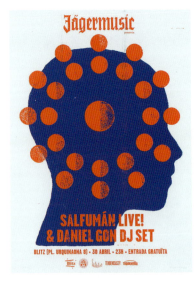

图 3-286　国外艺术创意广告（1）

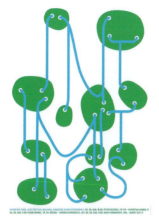
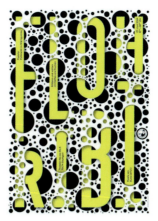

图3-287　国外艺术创意广告（2）　　图3-288　国外艺术创意广告（3）　　图3-289　麦当劳广告

2. 线元素

点的运动轨迹为线，线有很多种不同的形态，而不同的形态会给人不同的视觉感受。例如：水平的直线可以表现宁静和平和，能缓和人们的情绪；曲线能表现女性的婉转、柔和、灵动；斜线本身自带运动感和方向感，适用于视觉冲击力强的画面表现。在版式设计中有一种看不见的线称为无形线，它是指文字、图形、色彩或其他元素组合形成的线的状态。这种线会给观看者留有想象空间，激发其想象力。图3-290至图3-292所示是Grand Optical眼镜系列广告，广告中央用线元素来表现画面，以吸引观看者的视线。图3-293至图3-295中，腾讯公益广告中的每一个儿童都可以看作一个点元素，重复排列后就变成了线元素。

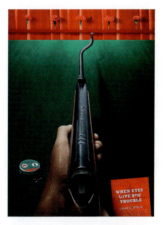
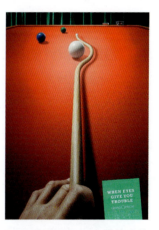

图3-290　Grand Optical眼镜广告（1）　　图3-291　Grand Optical眼镜广告（2）　　图3-292　Grand Optical眼镜广告（3）

图3-293　腾讯公益广告（1）　　图3-294　腾讯公益广告（2）　　图3-295　腾讯公益广告（3）

3. 面元素

封闭的线可以形成面。面和线一样，也有很多种不同的形态，如圆形、三角形、方形、不规则形状等。在广告设计中，面占的空间比例较大，所以在视觉效果上比点、线更为强烈。较强的视觉冲击力（见图3-296至图3-299）能带给观者更大的视觉充实感，吸引观者更专注。图3-296、图3-297中，鸡年图形广告用许多色块组合形成了鸡的形态，其中每一个色块为一个面元素，它们组合在一起形成强烈的视觉冲击力。

在广告设计中，若只运用面元素进行设计，有时会给人单调、枯燥、乏味之感。所以设计者常常将点、线、面三要素结合起来表现画面，使画面整体富有节奏感和生命力。

图3-296　2017鸡年图形广告（1）

图3-297　2017鸡年图形广告（2）

图3-298　汉堡包创意广告

图3-299　巧克力广告

3.4.2　广告版面设计的形式法则

1. 节奏与韵律

节奏是有一定规律的重复排列，韵律是随着节奏的变化产生的。在广告版式设计中，运用节奏和韵律的形式法则能使画面产生秩序美，产生生机与活力（见图3-300至图3-304）。遵从重复、疏密、聚散的规律编排图片文字和色彩，以获得节奏感。

版面中的节奏与韵律虽然都建立在以重复、疏密、聚散为基础的规律形式上，但不能无所顾忌地使用，韵律的产生依赖于节奏的变化，节奏变化过多则会适得其反，破坏韵律美。图3-300所示是英伦风手表广告，画面中有七只手重复排列，但每只手的形态、衣着、颜色都各不相同，极具节奏与韵律感。

图3-300　英伦风手表广告

图 3-301　咖啡饮料创意广告（1）

图 3-302　咖啡饮料创意广告（2）

图 3-303　国外艺术创意海报

图 3-304　纽约市歌剧院创意广告

2. 对比与调和

对比是指将两个差异较大的元素搭配在一起，使两者能鲜明地展现各自的特点，增强视觉刺激力度和张力。对比可表现在形状、色彩、质感等多个方面，具体表现包括轻重、大小、粗细、方向、疏密、强弱等。调和是指具有差异的两个或多个元素产生一定的联系，从而形成富有秩序、和谐美感的视觉效果。

对比与调和之间是相辅相成的，没有对比就没有调和，两者须相互呼应与配合，在调和中求对比。设计者须在广告版面设计中运用对比与调和的形式法则来突出广告主题和产品特点（见图 3-305 至图 3-308），使画面富有生机，能吸引观看者的注意力。在图 3-307 防止全球变暖广告中，颜色与形态对比可体现植物生命旺盛和死亡的两种状态，表现广告主题。

图 3-305　法国依云矿泉水广告（1）

图 3-306　法国依云矿泉水广告（2）

图 3-307　防止全球变暖公益广告

图 3-308　网上请愿平台公益广告

3. 对称与均衡

对称是中国审美中最常用的形式法则之一，它是指以中心线或中心点为依据，在其左右、上下或周围配置同形、同量、同色的元素。而均衡则不只是追求完全对称，它是在对称的基础上追求变化，打破静止局面。对称与均衡大致可分为对称平衡和非对称平衡两种形式，对称平衡在版式设计中能给人平静、庄重、严肃的视觉效果（见图 3-309 至图 3-312）。在图 3-311、图 3-312 雪佛兰汽车广告中，对称的版面设计尽显稳定、大气之感，符合品牌调性；非对称平衡则打破了传统对称的呆板，能使画面更加灵活、丰富多彩（见图 3-313 至图 3-315）。

图 3-309　奥迪 R8 汽车广告　　图 3-310　美体护肤品创意广告

图 3-311　雪佛兰汽车广告（1）

图 3-312　雪佛兰汽车广告（2）

图 3-313　Maximiles 金融广告（1）

图 3-314　Maximiles 金融广告（2）

图 3-315　Maximiles 金融广告（3）

4. 比例与分割

广告设计中的比例主要指元素所占面积大小。简单地说，重要的元素在画面中占的比例较大，次要的元素在画面中占的比例相对较小，从而使整个画面主次分明，有层次感（见图3-316、图3-317）。

分割是指将广告整体版面进行划分，有利于将不同的内容进行编排，避免版面的杂乱，图3-318、图3-319中，DSM健康品牌广告从画面中间分割，左、右画面用不同元素表现，强调产品属性和健康理念。

图3-316　HT品牌广告　　　图3-317　麦当劳食品广告　　　图3-318　DSM健康广告（1）　　　图3-319　DSM健康广告（2）

5. 空白与疏密

空白与疏密在广告版式设计中有重要的作用，在画面编排中，并非元素越多越好，放入的元素过多可能会给人混乱、重点不突出的视觉感受，因此要在版面中适当留出空白，从而强调主题，让观者有视觉透气感（见图3-320至图3-323）。在图3-320 Unimed Curitiba健康广告中，水龙头上方复杂的城市与下方空白的平面形成了强烈的疏密关系，使整个画面在表现主题的同时，又有透气感和节奏感。

图3-320　Unimed Curitiba健康广告　　　图3-321　创意抹布清洁用品广告

图3-322　G-STAR牛仔品牌广告　　　图3-323　Turkiye Organ Nakli Vakfi医疗广告

3.4.3 广告版面设计的构成模式

广告版面设计的构成模式比较繁多，设计者需要合理安排文字、图形、色彩等多种视觉元素，从而得到和谐统一的广告画面。在对广告版面进行设计时，要重视广告的主题信息以及产品的特点，以给观者留下深刻的印象，激发他们的兴趣，使他们对商品或品牌形成一个完整的认识。

1. 垂直型

垂直型是最基本的广告版面构成模式（见图 3-324 至图 3-328）。版面中的图文等元素呈垂直方向编排，视线从上向下移动，符合人的视觉逻辑，会使人产生稳重踏实的感受，但有时，在表现画面时，视觉冲击感较弱，缺乏情绪和形式感。在图 3-324、图 3-325 马来西亚航空广告中，作品采用自上而下的视觉顺序，先添加图片，再添加文字，最后添加一些琐碎的文字信息，属于常见的垂直型构成模式。

图 3-324　马来西亚航空广告（1）

图 3-325　马来西亚航空广告（2）

图 3-326　Peioni 酒精饮料广告

图 3-327　瑞幸咖啡广告（1）

图 3-328　瑞幸咖啡广告（2）

2. 标题型

标题型是一种最常见的广告版面构成模式（见图 3-329 至图 3-333），常用于宣传产品和企业或需要强调某个理念的广告中。它的编排方式具体表现为标题在先，文字或图片在后，形成视觉稳定的构图形式。在图 3-329 至图 3-331 BFI 英国电影协会系列宣传广告中，作品宣传标语占版面比例最大，首先映入眼帘的就是标题，其次是图片和详细的文字信息。这就是标题型构成模式的特点。

图 3-329　BFI 英国电影协会系列宣传广告（1）

图 3-330　BFI 英国电影协会系列宣传广告（2）

图 3-331　BFI 英国电影协会系列宣传广告（3）

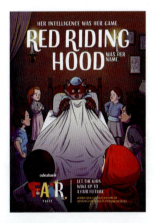

图 3-332　电台广告

图 3-333　耐克创意广告

3. 对称型

对称型的构成模式具有良好的稳定、庄重感（见图 3-334 至图 3-338），版面中的图片文字沿中轴线的左右展开，符合中国人的审美。但这种构图模式可能会缺少动感，设计者可以通过改变画面中视觉元素的色彩、形状、大小等特征来表现主题。

图 3-334　保护动物公益广告（1）

图 3-335　保护动物公益广告（2）

图 3-336　保护动物公益广告（3）

图 3-337　Incucai 捐赠公益广告

图 3-338　智利啤酒广告

4. 倾斜型

倾斜型是一种活泼且具有动感的构成模式，它是将图形或文字的主要部分向某个方向倾斜，刻意打破画面的平衡感，从而赋予画面视觉运动和方向效果。在图 3-339 至图 3-342 中，几幅作品都打破了常规的文字排列形式，将文字进行倾斜，使画面富有动感。

图 3-339　丰田 IMS 广告

图 3-340　富士山摇滚音乐节广告

图 3-341　宣传创意广告（1）

图 3-342　宣传创意广告（2）

5. 放射型

放射型的构成模式主要表现为确定某一中心点后，从中心点向四周发散、扩展的视觉效果。它能快速捕捉观者的视线。这种构图适合聚焦视觉中心、突出主题，以表达中心思想为主题的广告。在图 3-343 至图 3-345 OPEL 汽车紧急制动辅助系统的宣传广告中，利用放射型的构成模式很好地突出了紧急制动性能特点。

图 3-343　OPEL 汽车紧急制动辅助系统宣传广告（1）

图 3-344　OPEL 汽车紧急制动辅助系统宣传广告（2）

图 3-345　OPEL 汽车紧急制动辅助系统宣传广告（3）

6. 对角线型

对角线型是一种导向性很强的构成模式（见图 3-346 至图 3-349），它将画面中的两对角或者近似对角连线，把主体排列在这条对角线上来表现画面。对角线型构成模式打破了人们常规的视觉习惯，使画面产生极强的动势，具有纵深的视觉效果，让人耳目一新。

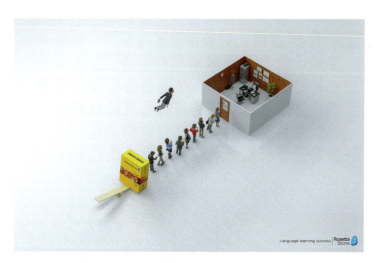

图 3-346　语言教学软件广告

图 3-347　清洁香港创意广告

图 3-348　欧宝汽车创意广告

图 3-349　五十铃汽车广告

7. 散点型

在散点型构成模式的版面设计中，元素无主次之分，它将元素在版面上做不规则的分散编排，看起来自由、随意，但并非杂乱无章，它在版面编排上注重焦点分散，但在整体上具有统一的视觉效果（见图 3-350 至图 3-353）。

图 3-350　Al Sabeh 创意水泥平面广告（1）

图 3-351　Al Sabeh 创意水泥平面广告（2）

图 3-352　Refuge 公益广告

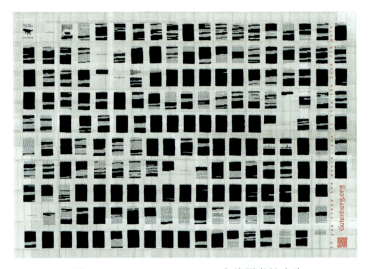

图 3-353　Project Gutenberg 在线图书馆广告

8. 文字型

文字型构图是以文字为主体的构成模式（见图 3-354 至图 3-358），这种类型的构图元素相对其他类型的构图来说较为单一，在版面中要注意布局的设计，增强文字的灵活性，否则会给人单调的视觉印象。在图 3-354 至图 3-356 中，以文字为主体的画面增加了人物外形的构成排列，将原本单调的画面变得富有生命力。

图 3-354　种族偏见公益广告（1）

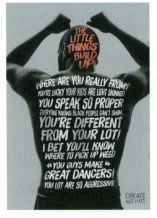

图 3-355　种族偏见公益广告（2）

图 3-356　种族偏见公益广告（3）

图 3-357　54D 体育广告

图 3-358　MassMutual 纪念妇女投票权一百周年电影广告

【知识链接】

什么是广告的风格？

在广告设计中，风格是为整体形象服务的某一种样式。在设计中，文字、图形、色彩、版式等都对风格起着决定性作用。风格可以是时尚的、复古的、沧桑的、华丽的等不同形式，风格要为广告创意服务，而且要适合品牌形象的特性。当我们全力以赴地表现创意时，风格会在不经意间确立起来。在初学广告时，不要过早地确定自己所谓的风格，要敢于、热衷于尝试不同方法，积极地运用各种方法表达我们的创意。

【项目实训】

1. 广告图形设计的具体表现方法有哪些？
2. 通过具体案例讲述广告文字设计的风格。
3. 练习文字的五种编排方式。
4. 在广告设计中应遵循哪些配色规律？
5. 色彩在广告设计中能给人怎样的心理感受？
6. 广告版面设计的形式法则是什么？

第4章 广告设计的思维规律

创意的来源

好创意的评价标准

创意思维的训练方法

创意的艺术表现

4.1 创意的来源

创意的英文是"creative""ideas",是指创造新的想法,即提出好主意、好想法的意思,属于一种创造性的思维活动。20世纪60年代,西方国家开始出现"大创意"的概念,并迅速在西方国家开始流行。被称为"美国广告之父"的詹姆斯·韦伯·扬在《产生创意的方法》中对创意的解释得到普遍的认同,即"创意是把原来的许多旧要素做新的组合,进行新的组合的能力,实际上大部分是在于了解、把握旧要素相互竞争关系的本领"。创意是多元的,其存在于社会活动的各个领域。创意在广告创作活动中的体现就是广告创意,它是广告成功与否的关键,在广告设计中占据着重要的位置。

1. 创意源于对生活的观察与积累

艺术源于生活又高于生活,广告创意亦如此。创意源于对生活不断的观察与积累,不同的生活阅历可以使人的思维和想象力变得不同。日常生活中有多样化的自然元素和组合方式,人们接触各种各样的客观元素后,根据事物之间的相互联系,经过不同创作者的感受、理解以及情感体验,渗透进主观情感和情绪,引发许多创意的灵感,并从中发现、汲取有意义的视觉元素作为广告中的基本元素,再经过一定的联想、夸张、变形等创作手法,从而进行创意。如用酒瓶盖的变形表达拒绝酒驾的创意(见图4-1)。

在广告创意活动中,创作者要力图寻找生活中适当的创作点来表达广告主题。当创意点的选择平淡无奇时,就无法通过创意的传达去说服消费者,这时不妨从生活中其他的角度寻找新的创作点,这样可以形成完整而清晰的设计思路(见图4-2至图4-4)。比如,我们提到某个事物时,在脑海里会浮现出关于这个事物的固定形象,但作为创意点提出时就会显得毫无生趣,这时可以通过与其属性相符合的其他事物形象相组合产生清晰又新奇的新思路。

图4-1 拒绝酒驾公益广告

 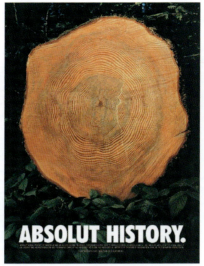 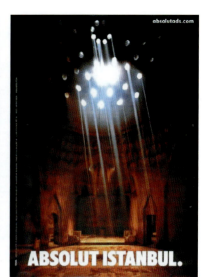

图 4-2　伏特加酒广告

 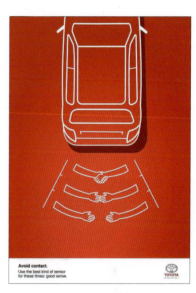

图 4-3　口香糖广告　　　　　　　图 4-4　丰田汽车广告

2. 创意源于对市场和受众的了解

创意作为广告的灵魂，不仅可以提高产品的价值，还可以通过创意吸引更多的目光，进而促使受众产生消费倾向。广告创意的关键在于紧密把握市场的动态和受众的思维方向，创造更高的产品影响力及附加值。美国广告界专家詹姆斯·韦伯·扬认为广告创意就是将人性、商品以及消费者融合在一起，这也在一定程度上说明市场、受众起着决定性的作用。

创意与现实有着密不可分的关系，任何一则广告在进行创意之前都不是脱离实际的，而与市场或社会有着紧密的联系。在经过充分的市场调研后，广告根据市场或社会的调查和研究结果，明确产品所针对的消费群体及其需求方向，了解什么样的表现形式符合市场或社会的需求，进而进行广告的创意，否则再美观、再富有创意的广告都是无效的（见图 4-5 至图 4-7）。在当今的数字化时代，受众接受的信息多而冗杂，创意的输出更需要以市场和受众为中心，通过对受众的洞察，了解他们的真实想法，从而以受众所能接受的方式和喜好来达到情感的共鸣，形成以市场、受众需求为中心的舆论环境。如图 4-8 所示的联邦快递广告利用墙色的反差对比勾勒出地域特性，"楼上""楼下"的形式则是对快递业务及运输效率的精准描述，设计师正是抓住了受众对快递时效的心理追求，以夸张的形式将企业完全满足受众需求的方面展示出来。这准确定位了受众的心理需求。

图 4-5　食品广告

图 4-6　百事可乐系列广告

图 4-7　肯德基热辣炸鸡系列广告

图 4-8　联邦快递系列广告

4.2 好创意的评价标准

广告的创意是解决问题、对接用户的最终桥梁，对广告效果起着决定性的作用。一个好的创意可以使品牌或产品的宣传效果维持数年之久，其特征通常表现为对常规思维方式的颠覆，对受众痛点的深入洞察，所以好的创意需要遵循一定的创意原则。在诸多的广告创意原则中，理想的创意应具备以下几个标准。

1. 独创性

在广告发布频率较高的今天，人们已经出现信息接收的视觉疲劳状态，如今司空见惯的创意形象不能抓住人们的眼球，只有个性突出、表现独特的创意广告才能使人们被触动。独创性是指广告创意独辟蹊径，突破固有的模式。对于广告创意来说，独创性主要体现在内容和形式两个方面。

内容独创性是指广告的图形、色彩、文案、主题等内容创意方面的新颖独特，这是一则广告脱颖而出的关键因素。如图4-9所示的指纹锁广告将建筑设计成指纹的形态，告诉人们使用本产品就像整个建筑被安全罩住一样安全，不会受到任何威胁。用建筑的外形体现广告的主题，这种新奇的方式远比直接介绍产品效果更好。

形式独创性是指广告的呈现方式、表现方式等形式方面的新颖独特。这有助于塑造非同一般的、富有个性的广告形象，可增强广告的吸引力。比如，用电脑软件设计图形时，我们可以用手绘的形式表现创意；当人们青睐摄影表现时，我们可以尝试用水墨的形式、综合材料的形式来表现。再如，现在的广告基本都以静态的形式表现，但我们可以采用动态的方式呈现创意主体形象。这些都是创造个性、表现差异的具体方法。如图4-10所示的麦当劳广告中，以各种形式表现出的视觉符号"M"完美融合在环境中，不仅巧妙地说明其无处不在的门店覆盖，还强化了其独特的视觉标志在消费者心中的印象。

图4-9　It Works 指纹锁系列广告

图 4-10　麦当劳系列广告

2. 明确性

广告创意是一种具有明确目的的创造性思维活动，任何类型的创意都有特定的目的，其中，广告创意最基本的目的就是传达信息，所以，广告设计首先必须主题鲜明，可以准确地传递信息。

在进行广告创意的过程中，含糊其词的创意让人不知所云，这样自然不能实现明确传递信息的功能。设计师可根据广告目的明确广告创意，比如：公益广告是以公德教育为目的，旨在培养人们的社会公德，设计师可以通过广告创意向大众传播有益的社会观念，以促使人们改变其行为和态度；而商业广告主要是以展示产品特性、促进产品销售、提升品牌影响力为目的，设计师可以通过广告创意提升受众对产品或品牌的认知，尽可能地宣传产品或品牌（见图 4-11 至图 4-13）。如图 4-11 所示，设计师巧妙利用三家知名快餐店（汉堡王、麦当劳、云狄斯汉堡）的包装纸褶皱圈出百事品牌的 logo，明确地表现出广告目的——你看，不管你在吃哪款汉堡，百事都无处不在。

图 4-11　百事可乐系列广告

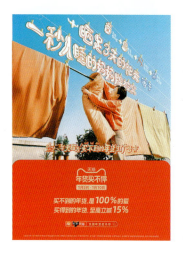

图 4-12　天猫年货节系列广告

图 4-13　日本 Kodawari 棉签系列广告

3. 震撼性

如今,广告已经涵盖印刷、户外、电子、网络等传播形式,消费者已经成为众多广告中的"选择者",广告也就成了无声的推销员,这就要求我们通过创意营造强烈的视觉表现性,产生非同一般的视觉冲击力。美国广告大师李奥·贝纳曾说过,"占领市场必先占领受众的心灵",这也表明具有情感色彩和视觉冲击力的广告更容易打动受众的心,广告所传达的信息也更容易被受众理解和接受。因此,在众多广告中想要迅速吸引人们的视线,就需要在受众的内心深处掀起波澜,使受众产生强烈的心理震撼。

震撼性主要包括两个方面,一是在广告中通过宏大的场面营造出强烈的视觉冲击力,吸引受众的眼球,使受众产生视觉震撼(见图 4-14 至图 4-16)。其中,如图 4-14 所示,这个作品是青岛啤酒在世界杯期间设计的巨幅广告——来自世界各地的球迷带上青岛啤酒庆祝这场全球盛会。作品用绘画的形式记录为世界举杯的历史时刻,每幅作品都极具表现力,给受众带来强烈的视觉震撼力。二是在广告创意的过程中通过巧妙的构思,深入挖掘目标受众的内心情感,使广告具有内心穿透力,直接产生一种震撼人心的效果(见图 4-17、图 4-18)。真正有震撼力的作品,往往会不动声色地打动受众心灵,从而达到广告目的。

图 4-14　青岛啤酒系列广告

图 4-18　AMI 汽车保险系列广告

4.3　创意思维的训练方法

思维是人脑通过感知客观事物的规律与属性所产生的概括和反应，是在长期的感官体验与经验积累下形成的思考模式。[①] 创意思维是一种指导创意方法的思考模式，是创意产生的基础与铺垫，在广告设计中，创意思维有以下两种训练方法。

1. 头脑风暴法

在群体性的思维活动中，由于受到群体成员的相互影响和相互作用，往往会出现倾向于大多数人的"群体思维"效应，为了保证群体思维的创造性，美国创造学家亚历克斯·奥斯本于1939年提出了一种激发思维的方法——头脑风暴法。头脑风暴法一般由多人一起参加，在具体执行过程中，可以将所有成员分为5人左右的若干团队进行集体讨论，每位小组成员每提出一个新的观点，都可以引发他人产生联想并相继产生一系列新观念，这样可以为广告提供更多的创意思路。需要注意的是，在整个头脑风暴的过程中，要尽力创造一个既轻松又竞争的氛围，促使团队成员踊跃发言，记录所有灵感，自由联想，启发别人。在整个过程中不允许自我批判，即使自认为想法是幼稚的或荒谬的，也要将所有灵感记录在案，以备其他人参考，同时，任何他人的创意想法也不得予以反驳，意见越多，产生好创意的可能性就越大。要创造一个自由联想的过程，以免错失启发别人的机会。

创意要有胆略，没有胆略很难有所作为。突破常规的创意思路往往会使人感到惊讶，进而引发思考。头脑风暴法有助于打开创意的缺口，增加广告的内涵和意味，给受众创造令人意外的视觉吸引力。

2. 思维导图法

有关研究证明，人类的思维是放射性的，进入大脑的每一条信息都可以扩散出去，使思维呈现多维发散状。英国学者托尼·巴赞基于大脑的放射性思维模式开发了一个简单而又有效的思维工具——思维导图，它运用图文并重的形式把各级主题的关系用相互隶属与相互关联的层级图表现出来，不论是想法、文字，还是符号，进入大脑后都可以成为一个具体的思考点，并以此为中心向外扩散出更多的节点。每一个节点又可以成为另外一个中心主题，再向外扩散出成千上万的节点。这样可以建立一个庞大的数据库，由此形成多维度的联想。

---

① 刘春雷. 广告创意与设计：设计师必备广告策划手册 [M]. 北京：化学工业出版社，2021：52.

在多维化广告设计中，大胆新奇的想法是广告创意的关键。我们可以将思维导图的模式引入具体的创意训练，围绕同一主题，将思维以一种放射性的状态扩散出去，从主题的不同角度、不同层次进行思考，这样能够对问题的本质产生清晰、全面的认识。

采用放射性思维的思维导图法可以开动脑筋、活跃思想，让创意丰富多彩。具体的训练方法主要分为以下六步。[1]

（1）以品牌概念（或公益观念）为中心，对概念进行分析；立足消费者（或传达对象），洞察他们的心理，与他们一起思考、一起感受，让各种元素在脑中汇集。

（2）主题概念（也可以是中心概念图形）必须画在白纸中央，从其出发，开辟出若干不同路线，首先把思路展开。

（3）沿着不同路线开发元素，根据生活经历与常识，将可能发生的元素沿着路线放射并快速记录下来，进而展开捕捉闪光元素的行动。

（4）必须在40分钟内让思想尽快地流动起来。由于大脑必须高速工作，这就使大脑松开了平常的锁链，再也不管惯性的思维模式，因此激励了新的，通常也是非同寻常的一些念头。这些非同寻常的念头应该被快速记录下来，因为它们包括了新眼光和打破旧的限制性习惯的关键。[2]

（为方便思考，四点均用文字搭架，寻找创意闪光点的过程是探险家寻宝的过程。只有突破常规，才能出奇制胜。）

（5）有新鲜感的元素使图画鲜活起来，形成导图的闪光点。或者沉思一下，让大脑对导图产生新的观点，继而进行第二次重构。

（6）将几个有趣的闪光点连接起来，发展成一个创意雏形，继而提炼创意文案和广告语言。

思维导图案例如图 4-19 至图 4-38 所示。

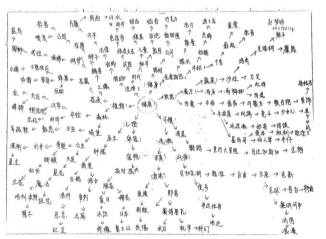

图 4-19　思维导图训练（赵梦娇）（1）

图 4-20　思维导图训练（赵梦娇）（2）

---

[1] 胡川妮. 广告设计 [M]. 北京：高等教育出版社，2009：113.
[2] 巴赞. 思维导图：放射性思维 [M]. 北京：作家出版社，1999：164.

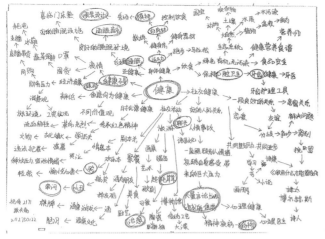

图 4-21 思维导图训练（张天扬）（1）

图 4-22 思维导图训练（张天扬）（2）

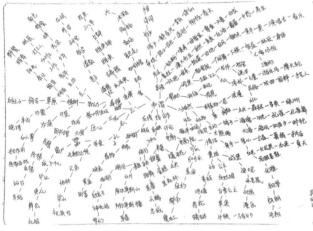

图 4-23 思维导图训练（韩丽元）（1）

图 4-24 思维导图训练（韩丽元）（2）

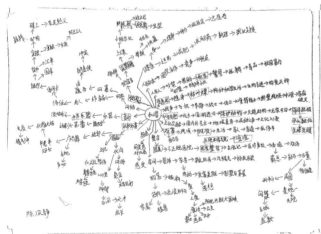

图 4-25 思维导图训练（陈风静）（1）

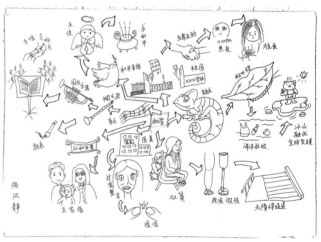

图 4-26 思维导图训练（陈风静）（2）

第 4 章 广告设计的思维规律

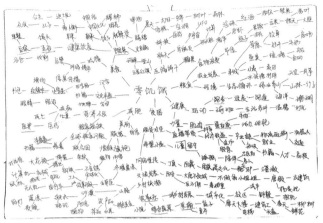

图 4-27　思维导图训练（王子奕）（1）

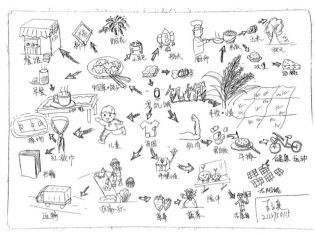

图 4-28　思维导图训练（王子奕）（2）

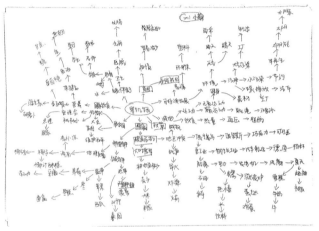

图 4-29　思维导图训练（刘小萌）（1）

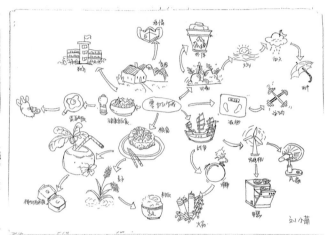

图 4-30　思维导图训练（刘小萌）（2）

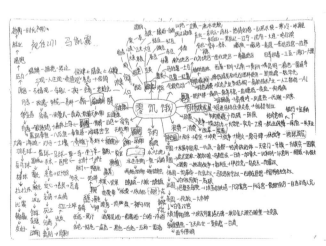

图 4-31　思维导图训练（马凯露）（1）

图 4-32　思维导图训练（马凯露）（2）

广告创意与设计

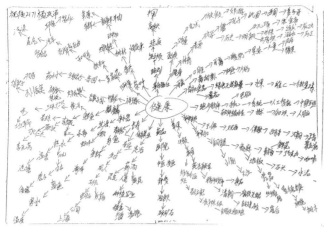

图4-33 思维导图训练(杨洪泽)(1)

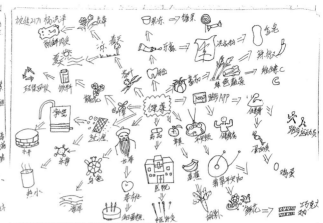

图4-34 思维导图训练(杨洪泽)(2)

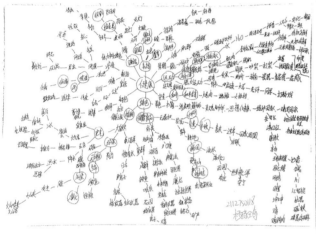

图4-35 思维导图训练(杨家琦)(1)

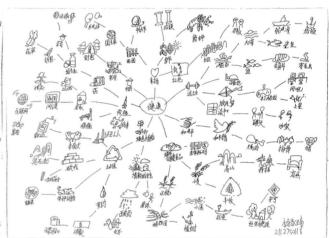

图4-36 思维导图训练(杨家琦)(2)

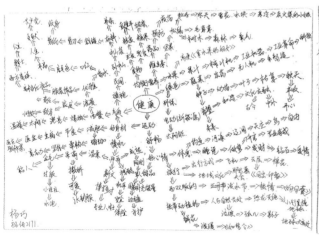

图4-37 思维导图训练(杨巧)(1)

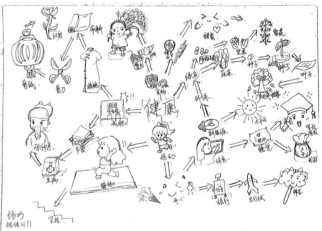

图4-38 思维导图训练(杨巧)(2)

第4章 广告设计的思维规律

4.4 创意的艺术表现

1. 创意概念与艺术表现的关系

广告设计的本质是创造，所以广告设计的创造力和颠覆性决定了广告设计必须以开放的意识和精神世界为依托，重视广告创意的产生，以便将广告内容和表现形式推向新的方向。广告创意首先是概念的提取，继而是形式的表现。概念和表现就像创意的内、外两侧，对于完整的创意而言，它们缺一不可。概念是广告创意的核心，它相对抽象，需要借助视觉表现来阐述，是整个广告的灵魂；艺术表现是将广告创意概念加以具体化，为了广告创意的符号形式，为了使广告从概念变为现实，是创意思想的物化形式。表现中的细节也需要以概念为出发点进行设计，两者互为助力。好的创意概念如果表现不到位，就只能是孤芳自赏，难以传播，而空有绚丽的视觉效果，却没有概念作为支撑，也只会流于俗套，空洞乏味。

2. 艺术的表现手法

1）夸张

夸张是"为了表达上的需要，对客观的人或事物尽力做扩大或缩小的描述"。夸张型广告不是毫无章法的，而是基于客观真实，运用形象化的图形语言，从性质、状态、数量或程度上进行不遗余力的夸大描写和塑造，强调或突出事物的特征和本质，加强艺术效果（见图4-39、图4-40）。广告创作者不拘泥于事物表面的真实性状，而是通过变形处理，放大特征性的部分以表现出一种荒诞的视觉感受，使画面更新颖、奇特和富有变幻的情趣。

夸张的表现手法可以化腐朽为神奇、使幽隐成昭然，用生动的形象揭示抽象的哲理，但在运用的同时，也要注意整体关系，不能因局部的夸张而破坏画面的整体性，坚持适度原则。

在图4-39运动跑鞋广告中，跑鞋的特征当然就是速度，作品运用模糊的效果呈现户外景色，营造出一种速度快到模糊视野的效果，这显然是夸张的效果，却十分具有说服力，特点鲜明。

图4-39 运动跑鞋系列广告

图4-40 银联卡系列广告

2）幽默

幽默型广告是设计师运用幽默的手法创作出来的广告作品。在广告中既是一种表现手法，也是一种风格，含蓄地传达某种意念或商品信息。广告大师波迪斯说过："巧妙地运用幽默，就没有卖不出去的东西。"要把日常生活中一些有特点的东西以喜闻乐见的方式表现出来。这种表现方式需要运用人的外貌、体态和语言，给受众带来一种充满情趣、引人发笑且耐人寻味的幽默意境，从而发挥艺术感染的作用，达到别具一格的宣传效果（见图4-41）。幽默型广告之所以受到人们的喜爱，根本原因在于其独特的美学特征与审美价值。它给观众带来了轻松愉快的心理情绪，这种情绪是一种生动而积极的美感效应，使受众在欢笑中自然而然地接受某种信息，从而增加了广告的感染力。

在图4-42大众广告中，原本可爱的表情包被进行损伤处理，结合文字"不要在驾驶的时候发短信"，表明不安全的驾驶会导致车祸。表情包的运用使原本沉重的话题变得诙谐轻松，更能引起人们的注意。

在图4-43 Frisa火腿肠广告中，四幅画面分别展示了不同年龄和性别的人，凸显差异化，而插画和产品实物相结合的形式令画面整体显得夸张又有趣，突出了广告主题——"你有多饿，Frisa火腿肠就有多大"。

图4-41　肯德基广告

图4-42　大众汽车广告

图4-43　Frisa火腿肠系列广告

图 4-43　Frisa 火腿肠系列广告（续）

3）拟人

拟人是一种形与意的转换，以一种形象表现广告商品，使其带有某些人格化特征，即以人物的某些特征来表达广告主题（见图 4-44）。在具体的设计中有两种方式，即拟外形或拟行为，可以通过某些可笑的动态、外貌、情节等有喜感地表现出创意的观点。从设计角度来说，既然是"拟"人，那么元素至少在外观上要拥有人的特征。进行拟人联想，是由一个事物想到了与人类相关的一个心理过程。

设计师通过一些好像与人类没有关系的事物同人类本身发生关联，通过设想创造出一个新的视觉形象。这种表现形式可以使商品生动、具体，给受众留下鲜明、深刻的印象，从而达到传播的目的。

在图 4-45 麦当劳广告中，吸管被拟人化，每根吸管代表着不同职业的人。他们手捧着咖啡，阳光下的影子随时间进行变换，突出了麦当劳 24 小时全天候供应新鲜咖啡的服务特点。作品直观又充满趣味性。

图 4-44　Farnham 啤酒广告

图 4-45　麦当劳广告

广告创意与设计　　118

4）比较

比较型广告是指将品牌产品的性质和特点放在鲜明的对照和直接对比中表现，用和它相似或相反的作品从旁陪衬烘托，使要宣传的主要对象更加鲜明地呈现的宣传方式（见图4-46、图4-47）。比较型广告给消费者深刻的视觉感受，能使貌似平凡的画面隐含丰富的意味，展示广告主题的不同层次和深度，从而引起受众的注意，引导他们去分析和判断。借彼显此，不仅使广告主题加大了表现力度，而且饱含情趣，扩大了广告作品的感染力，从而实现广告的诉求。

在图4-46洗衣液广告中，画面展示了玩偶在水上和水下不同的状态，显然在水下的更加干净，直观地反映了洗衣液的功效。

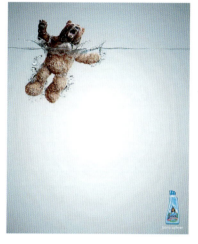

图4-46　洗衣液广告

图4-47　眼镜系列广告

5）象征

象征型广告是指用一种形象寓意某种含义，通过特定的容易引起联想的形象表现与之相似的概念、思想或感情的艺术手法，它不是一种再现，而是一种代表。作品一般用具体的事物表达抽象的概念，可以通过联想探寻其中的奥妙。象征型广告更注重意象而不是直接表现，注重自然中的人文内容以及与人有关的象征，通过艺术化的视觉形象传达产品的某种特点。它们之间没有直接的关联性，只有外在特征或者意象上的某些类似联系。运用这种方法进行信息传递往往显得特别强烈，更具有感召力（见图4-48至图4-51）。

在图4-48登山扣广告中，作品选用了三种凶猛的动物，它们会紧紧抓住捉到的猎物，绝不松口，而广告中登山扣正需要这样的功效，形象且直观地说明了产品的功能。

图4-50是杜蕾斯以"全球无烟日"为主题的广告，作品并没有直接放置烟的图片，而是用两种颜色的杜蕾斯包装进行组合，便可以非常直观地传达出烟的意思。

图 4-48　登山扣系列广告

图 4-49　牙膏广告　　　　图 4-50　杜蕾斯广告　　　　图 4-51　飞利浦广告

6）比喻

比喻可以通俗地理解为"打比方"，即将一种事物比作另一种事物。互不相干且在某些方面又有相似性的事物是运用比喻最好的素材，虽然与主题的关联不大，但是只要比喻的事物和宣传的主题在某一个特征上有联系，设计者就可以据此借题发挥、转化延伸。运用比较含蓄的表现形式，与直述式告知截然不同，它偏向隐晦曲折，借助事物的与广告内涵有一定相似性的某一特征，"借题发挥"，营造一种生动活泼的形象感。比喻手法的含蓄性也决定了受众无法快速理解广告意图，需要经过感受思考，领悟到一种深沉的意味，给人无穷的回味，同时，这也要求比喻要确切、恰到好处，不可使人产生误解。

在图 4-52 佳洁士系列广告中，设计师将会引起牙齿不适的食物进行改造，巧克力酱化作动物的尖牙，冰水形成尖锐的触角，巧克力派被比喻为炸弹，作品间接地告诉受众牙齿所受到的威胁和伤害，让人印象深刻。

在图 4-53 防晒霜广告中，作品用阴影来表现防晒的功效，抹上防晒霜可以像被物体的阴影笼罩一般，间接强调了防晒的效果，就算在沙滩上穿着比基尼，也无惧紫外线。

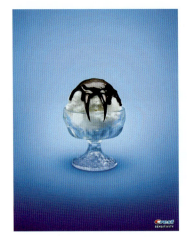  

图 4-52　佳洁士系列广告

图 4-53　防晒霜系列广告

【知识链接】

成功的广告都有一种独特的性格,即配合目标对象的愿望、幻想、感情方面的需要或生活方式。广告不应只是触发"购买动机",而应是为商品及消费者展开一段长久而真挚的友情,好像喝"可口可乐"饮料,抽"万宝路"香烟,用"佳洁士"牙膏,都是惯性现象,不易改变;就好像对一个自己喜欢的朋友,不会轻易放弃与他的友情。正因如此,广告的构思、文字及图片都应该具备以下三个特点。

1. 高度独特且有创意。
2. 使消费者产生强烈的好感,对消费者产生吸引力。
3. 有一个清楚明确的性格,长久有效,历久不衰。

——著名广告人纪文凤

【项目实训】

1. 什么是好创意?好创意有哪些具体的评价标准?
2. 以"青春""理想"为主题,进行思维导图的训练。
3. 如何理解广告创意的表达策略?

第 5 章　广告设计的流程

调查与分析

设计定位

创意构思

完善与发布

广告设计是一个系列化的设计行为，它有着一整套严格的设计流程。一则广告的诞生，从看似与广告无关的市场调研开始，直到设计的完善实施而结束，经历的是一段井然有序的设计过程。不同类型的广告在设计过程中略有区别，从整体来讲，一则广告完整的设计流程主要包括调查与分析、设计定位、创意构思、完善与发布四个阶段。

5.1 调查与分析

调查与分析是广告设计的基础，没有调研就没有发言权。设计师必须对市场、品牌、受众等做深入的了解，只有对相关信息和数据进行充分的了解，才能进行准确的定位与设计。主要包括对品牌方和市场方两个方面所进行的调查与分析。

1. 对品牌方的调查与分析

对品牌方做深入调查与分析，其主要针对商业广告而言。不论是新上市的品牌还是已经崛起的传统品牌，了解品牌的过往、产品的销售情况以及存在的问题，都是设计广告之前必须完成的前期调研。如果宣传的是新的品牌，那就更加需要对其行业背景、产品情况做深入的调研，分析品牌的优势和劣势，找到产品之间的差异化卖点，从而为广告创意打下基础。对品牌方的调研主要分为以下两个方面。

（1）了解品牌的基本信息。通过与客户的沟通交流了解品牌的由来、品牌形象识别系统、品牌定位、品牌核心价值、品牌口号、品牌消费人群、品牌整体视觉效果等信息。

（2）了解产品的具体信息。通过客户对产品的具体介绍，了解产品调性、产品特点以及以往使用的宣传媒介等基本信息，分析产品最能吸引受众的地方，发现能够打动受众的关键点。

除此之外，还要分析产品对标的竞争品牌产品或销售价格相似的竞争产品，包括品牌的知名度、好感度、信任度等方面。通过对所收集信息的精确解读，及时了解产品相关的具体信息，真正了解客户的需求，这对于以后的设计工作有很大的帮助。

2. 对市场方的调查与分析

对市场方的调查与分析能使设计师掌握许多与广告相关的信息和资料，更有利于制订合理的设计方案，这主要包括以下两个方面。

（1）了解产品的市场需求。在激烈的市场环境下，受众的欲望和需求是企业营销活动的出发点和中心点，设计师要根据市场的需求发掘产品的目标消费群，从而拟定产品定位与广告的风格。

（2）了解行业发展现状。可以根据目前的广告市场情况进行调研分析，了解产品广告的流行现状并归纳总结出最受欢迎的广告形式。另外，还要从国内或全球行业发展的角度，收集行业的发展趋势、市场占有率、整体销售情况等信息。

市场调研的方式多种多样，如问卷调查、用户访谈、网络调查等，无论哪种调研方式都应该根据不同的主题特点来收集资料，通过分析获得有价值的市场信息，为下一步工作打下基础。

5.2 设计定位

设计定位是设计师根据市场调研的具体情况，进行准确的广告目标定位，寻找品牌或产品合理的宣传角度，让设计发挥更大的功效，使受众清晰地了解品牌想要传达的内容。

1. 产品定位

对于商业广告而言，提高产品的销售量是广告设计追求的终极目标之一。产品定位可以让产品的特点被受众认知并接受，从而形成鲜明的品牌印象。

（1）通过了解产品的具体信息进行产品定位。产品的具体信息包括产品调性、产品卖点、产品系列的特点、产品的核心技术与特点等。产品的调性决定了广告创意的风格，比如，阿迪达斯和耐克都是运动类的知名品牌，虽然类别相同，但在广告宣传中，我们能够清晰地区分两个品牌的广告所传达的不同个性：阿迪达斯是在优雅悠扬中创造不可能；耐克是在摔打挫折中表现坚韧不拔，所以耐克的广告调性体现的是一种敢于挑战、积极向上、不认输的精神（见图5-1）。不同的调性需要靠不同的定位控制。

图 5-1 耐克广告

（2）通过对比竞争产品进行产品定位。我们不仅要考虑自身产品的优势，还要考虑竞争产品的强弱点，即寻求独特的产品定位。在这个过程中要通过分析工具与图表（见表5-1），总结产品的功能，列出产品功能清单，对比竞争产品，确定产品与众不同的优势和差异化卖点，再将它们传达给目标受众。

表 5-1　产品分析

	竞争产品	本产品	确定目标
产品优势	竞争产品不存在	本产品存在	将优势最大化
	竞争产品存在	本产品存在	寻找差异化
	竞争产品存在但未提及	本产品存在	重点强调

2. 受众定位

除了对产品进行定位，还要分析和定位目标受众。不同产品的用户群体不一样，不同年龄的用户群体的性格、爱好不一样，广告想要满足受众的需求，就必须找到受众的痛点和痒点，满足他们。受众定位主要通过理性定位和感性定位进行。

（1）理性定位包括受众的性别、年龄、身份、职业、消费水平、消费地域、生活习惯等。

（2）感性定位包括受众的喜好、喜欢或讨厌品牌的原因、如何看待品牌或产品、受众真正的需求是什么等方面。比如，有些产品是为某些特定对象服务的，就必须考虑受众的兴趣和爱好，儿童用品可以用儿童喜爱的形象来吸引他们的注意（见图 5-2、图 5-3），妇女用品可以用与之相关的优美的图形形象来引起她们的兴趣，这样可以拉近与受众的距离。

需要注意的是，在具体的设计实践中，以上设计定位的两个方面不能孤立地考虑和运用，需要相互配合、统筹考虑，这样才能有效地完成整则广告的设计定位。

图 5-2　cam 儿童安全座椅广告

图 5-3　Antoshka 儿童商场广告

5.3 创意构思

创意构思是广告设计流程中耗时相对较长的一个阶段，创意构思的成功与否也是广告能否成功的前提。在这个阶段，设计师可以根据前期收集的素材、资料以及具体的设计定位，进行发散思考和想象。广告的主要创意点主要从草图、图形、版式、色彩这四个方面寻找。

1. 创意草图的绘制

设计师可以根据广告的主题，运用发散思维进行思维导图的概念提取并完成草图绘制。在思维导图环节，要积极联想一切与主题定位相关的元素，可以把相似的、相近的、相关的、相反的等各种形式的元素罗列出来，同时，尽可能放纵自己的想象力，去除一切条条框框的约束，无拘无束地进行思维发散。优秀的广告创意需要大量的设计方案，只有全方位、多角度、竭尽全力地思考，才可以创造出多个不同的设计方案。

思维导图完成后，即进入绘制草图阶段，这是广告的最初形态，记录了设计师设计构思发展的全过程。这一阶段要及时将大脑中的创意思维通过草图的形式迅速表达出来，通过不断地创意构思，尽可能追求更多的创意想法。随着创意过程的深入，我们的潜意识会对问题更加熟悉，思路也会扩展得更加广阔。创意过程中不要轻易对最初的设计方案满意，更激动人心的创意往往会在后期显露端倪。

2. 图形创意的展开

在平面广告中，图形是广告设计的灵魂，"一幅优秀的设计作品应该靠图形说话，而不是色彩的渲染和文字的注解"。[①] 通过图形创意能够传达大量的信息，在这一阶段，设计师要利用各种创意手法，结合广告内容，将相关的主题元素进行归纳，选择适合的图形，积极利用摄影、插图、抽象类图形或文字图形化等形式挖掘各种表现的可能（见图5-4至图5-6），形成个性化意念特征及创造性的表现形式，进而增强广告的表现力，形成强烈的视觉冲击力。

图 5-4　Britanico 英语学校广告

[①] 刘春雷. 广告创意与设计：设计师必备广告策划手册[M]. 北京：化学工业出版社，2021：52.

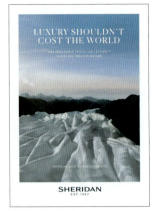

图 5-5　Sheridan 家纺广告

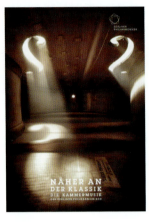
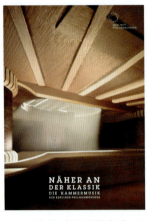
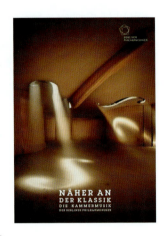

图 5-6　柏林爱乐乐团广告（1）

3. 版式构图设计

版式的任务是将文字、图形等元素进行各种形式的编排，使整体形态可以清晰地表达广告主题。相同的图形、文字等元素根据不同的构图形式，可以产生完全不同的设计风格，因此，在进行整体的版式设计时，应围绕产品的特点、品牌的文化，综合而全面地考虑各种构成要素，尝试垂直型、倾斜型、放射型等不同的构成模式（见图 5-7、图 5-8），从而塑造出广告的整体形象。在图 5-7 柏林爱乐乐团广告中，设计师采用放射型的构成模式，使用微距镜头拍摄出各种乐器内部的美丽景色，穿过乐器音孔的光线更是绝妙之极，造就了这组集美丽和创意于一体的广告作品。需要注意的是，不管任何形式的构成模式，各构成要素的表述应该清晰、合理，构成时应该主题突出、主次分明，又要均衡对比、协调统一。

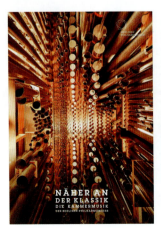
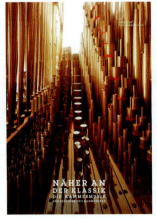
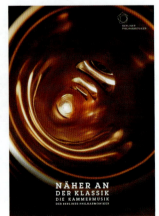

图 5-7　柏林爱乐乐团广告（2）

图 5-8　苏黎世室内乐团广告

4. 色彩设计

　　色彩对人们的心理具有一定的影响，它能影响人的情感，同时，色彩具有强烈的装饰性，根据广告目的确定广告氛围进行色彩设计也是创意构思中重要的一方面。在进行色彩设计时，我们应对色彩具有科学的认识，对色彩的功能、情感、象征等方面做深入的研究，要采用形象化的色彩使受众对广告内容产生共鸣，如果色彩运用得当，不仅能使广告与受众之间形成一种心灵的默契（见图 5-9 至图 5-11），还能使受众产生舒适宜人的感受。例如，食品类广告的色彩可选择黄色、红色，此类色彩可以促进食欲（见图 5-10）；饮品类广告可以选择蓝色或与之相对应的色彩，此类色彩令人感到清爽（见图 5-11）。同样一瓶咖啡的广告画面，用棕色可以体现它的浓香，用黄色可以体现它的清香，可见色彩对产品的品质具有很大的影响。

图 5-9　宜家广告

   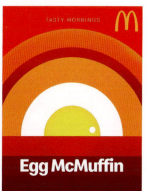

图 5-10　麦当劳广告

图 5-11　Frooti 饮料广告

5.4　完善与发布

在前期创意构思的基础上，将最具表现力的方案进行深入研究，进一步探索表现的可能性，竭尽所能地尝试表现创意的各种技巧，寻找最佳的表现手法对创意进行最恰当的表达，推敲图形、色彩、版式、文字等方面的运用。

设计师可以在平时的生活中留心观察具体的事物形象，思考这些事物可以用于广告的哪些方面、有什么样的创意点，并以自己熟悉的方式记录下来，通过长期的积累提高审美和设计素养。除此之外，还可以欣赏国内外优秀的广告设计以及其他类型的设计作品，为创意或视觉表现提供灵感。例如，需要摄影表现时，可以借鉴他人的摄影作品或摄影类型的广告作品获得灵感，帮助我们创造新鲜的视觉画面；需要插画表现时，不要拘泥于传统的表现手法和形式，可以不断尝试电脑、手绘板以及其他类型的绘画工具与材料，反复尝试各种表现技巧；需要文字表现时，可以借鉴书法作品或书法字典中文字的写法，不断揣摩其中的书写奥秘，这样可以协助我们完成创意性较强的作品。

设计方案完成后，可以选择恰当的媒体实施发布，使客户的广告费用得到最经济有效的利用，能够以最小的成本发挥广告最大的效能。同时，根据不同媒体的选择，合理输出正稿的文件大小，例如，户外广告可以选择 40dpi 以上的精度；网络上电子媒体广告选择 72dpi 以上精度；杂志或纸质印刷品广告选择 300dpi 的精度，这样可以使广告的整体效果达到最佳。

【知识链接】

全球著名广告设计奖

1. 戛纳广告奖（举办城市：法国戛纳）

戛纳广告奖源于戛纳电影节。1954 年，由电影广告媒体代理商发起组织了戛纳国际电影广告节，希望电影广告能同电影一样受到世人的认同和瞩目。

2. 莫比广告奖（举办城市：美国芝加哥）

莫比广告奖的创始人是美国著名营销专家 J.W. 安德森。对于莫比奖的设立，该奖项的评委主席安德森先生这样陈述：设立莫比奖是要为全球的广告公司、广告制作公司、艺术指导人员以及设计师、电影公司、电视台和广告主提供一个国际性的平台，使他们能够获得对各自成就的恰当评价。

3. 伦敦国际广告奖（举办城市：英国伦敦）

伦敦国际广告奖于每年的 11 月在英国伦敦开幕并颁奖。这项国际大奖自 1985 年正式创立以来，每年有近百个国家和地区参加，近年来每年的报名作品均在万件以上，所有的获奖者都将得到一座铜像。铜像是一个展翅欲飞、想要超越自我的超现实主义的人类外形。

4. 克里奥广告奖（举办城市：美国纽约）

克里奥大奖创立于 1959 年，是世界上历史最悠久、规模最大的世界性广告大奖，会集了来自全球各地的广告公司和专业制作工作室提交的一流创意作品。克里奥广告奖评委会由该领域享有盛名的国际专家组成。评委们独立地评选出最佳获奖作品。

5. 纽约广告奖（举办城市：美国纽约）

纽约广告大奖始于 1957 年，这一全球竞争性的奖项主要旨在嘉奖非广播电视媒介的优秀广告作品。

【项目实训】

1. 一则完整的广告在设计过程中有哪些具体的流程？

2. 查阅课外资料，讲述知名品牌广告的创作过程。

3. 任选一个现实中的产品，对其进行广告设计的完整练习。

第6章　专题研究课题训练

课题1：庆祝中国共产党成立100周年

课题2：庆祝中国共青团成立100周年

课题3：联合国可持续发展目标

广告创意与设计是视觉传达设计专业的主要专业课程，该课程的初期目标是通过系统的理论讲述和创意方法的讲解，在对具体案例分析的过程中指导学生创造性地完成广告创意的训练。课程总的目标是要求学生能综合运用广告理论，提取图形概念，运用现代设计的表现手段，分两个阶段掌握基本的广告创意和设计的方法。

第一阶段主要以感受、领会广告创意为主，分析具体的设计理论、讲解具体的广告案例，重点在广告创意与表现方面；第二阶段主要以设计实践为主，利用前期创意与设计的基本技能，通过专题广告课题实践，精心挑选历年广告设计大赛中的若干命题，真题真做，促进创新性思维的训练，达到广告创意精准度和表现精美度。

6.1 课题1：庆祝中国共产党成立100周年

6.1.1 课题内容

课题来源：2021年第13届全国大学生广告艺术大赛。

1）创作主题

理想照耀中国——穿越百年，见证辉煌，庆祝中国共产党成立100周年。

2）背景资料

1921年7月23日，中国共产党第一次全国代表大会正式召开，并于7月31日讨论通过《中国共产党第一个纲领》，庄严宣告中国共产党的诞生。

2021年是中国共产党建党100周年。回首近一个世纪的坎坷历程，中国共产党从血雨腥风中走来，从枪林弹雨中走来，从无到有，从小到大，从弱到强，饱经风霜，经历了无数血与火的洗礼。作为民族之魂、国家根基的无产阶级政党，一百年来，中国共产党始终坚定信念和理想，为人民谋幸福、为民族谋复兴、为全人类谋和平，以开天辟地、敢为人先的首创精神，攻克了一个个难关，实现了一个个转折，改变了中国落后的经济面貌和精神风貌，实现了从站起来、富起来到强起来的伟大飞跃。

从南湖的一叶扁舟，到巍巍中国号巨轮，一百年的不懈奋斗，一百年的秉持初心……党的奋斗历程告诉我们：坚持中国共产党的领导，是实现中华民族伟大复兴的根本保证；永远保持革命精神和革命斗志，中国共产党必将谱写无愧于时代、无愧于人民的新篇章，创造无愧于国家、无愧于历史的新辉煌！

3）主题解析

漫漫理想征途，百年跋涉脚步。不同历史时期，涌现出如李大钊、蔡和森、瞿秋白、刘伯坚、方志敏、杨靖宇、叶挺、邓稼先、钱学森、时传祥、雷锋、王进喜、焦裕禄、孔繁森、任长霞、沈浩等一代代优秀共产党人，他们与时代并进、与党性辉映；他们是党和国家重要历史时刻的参与者、是中国共产党的精神之魂、是给予他人光明的璀璨星辰、是有理想信念的追梦人，更是引领当代青年砥砺前行的精神灯塔，他们用自己的理想和信念托起整个中华民族的伟大复兴。

不积跬步，无以至千里；不积小流，无以成江海。回看百年历程，艰苦的环境和坚强的意志铸就了坚韧的中国共产党，不同时代，不同的理想和使命，中国共产党的一百年，奏响了催人奋进的乐章，汇聚成向上向善的力量，也演绎出一个个震撼心灵的中国故事。

"我还是从前那个少年，没有一丝丝改变，时间只不过是考验，种在心中信念丝毫未减……"都曾年少的你们，现在作为新时代的中国青年，要有敢为人先的勇气，勇于求索的信心，开拓进取的气魄，与时俱进的品格，挑千斤重担，乘风浪前行，"以青春之我，创建青春之国家，青春之民族"，不忘初心，牢记使命，勇做走在时代前列为信仰奋斗的开拓者和奉献者；披荆斩棘，勇往直前，乘风破浪，扬帆远航。穿越百年，让理想照耀中国，让世界的目光齐聚中国。

4）作品要求

根据主题内容，任选一个方向，设计一系列平面广告。作品尺寸为 A3 大小，300dpi，RGB/CMYK 颜色模式。

6.1.2 教学解析

创意是广告设计的核心，也是广告的生命和灵魂所在，广告作品要想拥有好的创意，首先要对收集的资料进行分析，对命题背景、命题内容进行深度解析，提取重要的信息以及广告核心的创意点，从中找到最切题、自己最擅长的关键点进行创作。本课题选择的主题为庆祝中国共产党成立 100 周年，这个命题的创意空间较大，对其进行深入解读后，我们可以从以下几个创意方向进行创作：可以中国共产党的伟大历程和辉煌成就为切入点，如从 1921 年中国共产党成立，到 1949 年新中国成立，再到 1978 年改革开放，可以对这些重大的历史时期进行讲述；可以不同历史时期的伟大人物为切入点，如讴歌叶挺、邓稼先、钱学森等优秀共产党人；可以青春励志为出发点，讲述青春故事，"以青春之我，创建青春之国家，青春之民族"；可以青春规划或理想为出发点，规划未来理想，勇做走在时代前列为信仰奋斗的开拓者和奉献者。本命题创意点较多，学生可以找到最合理的方向、最合适的方式进行创作。

6.1.3 作品展示与解析

作品点评：

图 6-1 为"有我在，护你一生"系列广告，该广告采用正负形的构成手法，将医护人员、军人、消防员三类社会上典型的英雄人物形象与人民群众进行正负形结合，突出"守护"的主题，表现出有医护人员守护在身边，会让我们更加舒心；有军人守护在身边，会让我们更加放心；有消防员守护在身边，会让我们更加安心。广告整体简洁大方，采用正负形的构成手法，形式巧妙，突出画面的主旨。

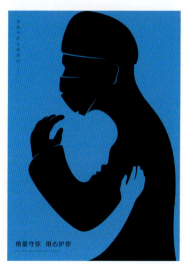

图 6-1 "有我在，护你一生"系列广告（孙恺苑）

作品点评：

图6-2为"英雄足迹传承伟大精神"系列广告，该广告的中心主题是赞美英雄、讴歌英雄。作品采用了二维码与英雄人物结合的方式表达对英雄的赞美；广告语结合英雄事迹、精神、品质，以这三个方面为出发点，突出英雄的事迹、精神以及品质。本作品将现代二维码和英雄们的形象进行了结合，手法精巧、大方，内容紧扣主题，一目了然。

作品点评：

图6-3为"追寻英雄脚步"系列广告，该作品主要体现历史时期涌现出的英雄人物和他们的事迹，呼吁人们要传承英雄的理想信念，记住英雄事迹，不忘初心，牢记使命，让理想照耀中国。色彩采用红、蓝、绿等偏复古的颜色，整幅作品具有传统复古的艺术风格，同时具有很强的视觉冲击力，更能突出作品的主要内容。作品如果在插画细节方面表现得更到位一些，整幅作品的视觉感受会更好。

图6-2 "英雄足迹传承伟大精神"系列广告（孙恺苑）

图6-3 "追寻英雄脚步"系列广告（李洋）

作品点评：

图 6-4 为建党百年"中国喜"系列广告，该作品以字体设计为主体，搭配三种不同的线稿插画，表现出我国文化的自信、军事的兴盛、科技的高速发展。作品的视觉效果中最为突出的就是"喜"字，这也吻合了建党一百周年的喜事，喜字不仅是单纯的汉字喜，将喜字顺时针旋转 90 度还可以看到设计者别出心裁的设计——China，将中英文完美结合，设计巧妙。

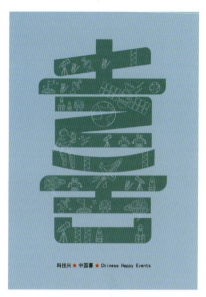

图 6-4　建党百年"中国喜"系列广告（郑嘉仪）

6.1.4　作品欣赏

如图 6-5 至图 6-13 所示。

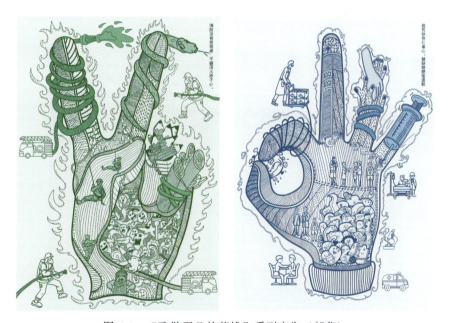

图 6-5　"致敬平凡的英雄"系列广告（郝燕）

图 6-6 "以青春之名"系列广告(吕雪华)

图 6-7 "青春·理想"系列广告(张慧萍)

图 6-8 "小身躯大贡献"系列广告(张明月)

图 6-9 "你好！英雄"系列广告（刘凯瑞）

图 6-10 "平凡而伟大"系列广告（陈文翰）

图 6-11 "最美共产党人"守护者联盟系列广告（范腾升）

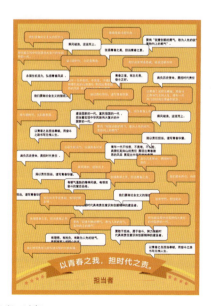

图 6-12 "点燃青春之火，成就辉煌人生"系列广告（段玉娇）

图 6-13 "以英雄之眼，看英雄本质"系列广告（李梦帆）

6.2 课题 2：庆祝中国共青团成立 100 周年

6.2.1 课题内容

课题来源：2022 年第 14 届全国大学生广告艺术大赛。

1）创作主题

我们有信仰——奋进新青年，建功新时代。庆祝中国共青团成立 100 周年。

2）背景资料

2013 年 5 月 4 日，习近平总书记在同各界优秀青年代表座谈时指出："历史和现实都告诉我们，青年一代有理想、有担当，国家就有前途，民族就有希望，实现我们的发展目标就有源源不断的强大力量。"

2016 年 4 月 26 日，习近平总书记在知识分子、劳动模范、青年代表座谈会上强调："实现中华民族伟大复兴的中国梦，需要一代又一代有志青年接续奋斗。青年人朝气蓬勃，是全社会最富有活力、最具有创造性的群体。"

党的十八大以来，习近平总书记始终高度重视青年工作，围绕青年工作发表了一系列重要论述，对广大青年充分信任、寄予厚望："时代的责任赋予青年，时代的光荣属于青年！" 2022 年恰逢中国共青团成立 100 周年。中国共青团是广大青年在实践中学习中国特色社会主义和共产主义的学校，是党的助手和后备军。中国共青团始终坚定不移地跟党走，在国家、民族发展的不同历史阶段，带领一代又一代怀揣理想抱负的有志青年，接续奋斗，书写出千篇万卷可歌可泣的时代华章。征程万里风正劲，重任千钧再出发。

立足新时代，大学作为青年人成长、聚集的高地，正不断发挥引擎作用，为国家高质量发展提供人才支撑，引领、凝聚青春力量助力中国梦，承担起薪火相传、继往开来的时代责任。新一代青年大学生群体，沐浴着党的光辉，不断焕发出崭新的创造活力，成为推动经济建设、文化艺术和社会民生等发展的强而有力的新生力量；在中国昂首阔步迈向社会主义现代化强国的道路上，以信仰之基，着青春之色，以奋斗之姿，建时代新功！

3）主题解析

青年者，国之魂也。回首过去，刘胡兰、邱少云、雷锋、黄继光、向秀丽、黄文秀、陈祥榕……无数青年英雄以青春血性，担起民族复兴的盛世伟业。他们在战火硝烟中，为保卫国家英勇奋战；在建设年代，为护卫国防安全建功立业；在改革开放的春风中，勇立潮头创造奇迹；在科技强国事业中，不畏艰难上下求索；在竞技体育的赛场上顽强拼搏、永不言弃；在举国战疫之时，挺身而出千里驰援；在乡村振兴的舞台上，实干笃行、担当尽责……一代又一代有志青年，接续奋斗。

何为青年？

毛主席说："什么是模范青年？就是要有永久奋斗这一条。"习近平总书记说："青年是整个社会力量中最积极、最有生气的力量，国家的希望在青年，民族的未来在青年。"鲁迅先生说：青年"所多的是生力，遇见深林，可以辟成平地的，遇见旷野，可以栽种树木的，遇见沙漠，可以开掘井泉的"。

青年何为？

青年就要以敢教日月换新天的魄力，舍我其谁挑重担的勇气，逢山开路、遇水架桥的决心，绝知此事要躬行的实干，在这百舸争流千帆竞的新时代，在这任重道远砥砺行的新征程中，践行青春誓言，起而行之、勇挑重担。大学是青年大学生明确人生理想、练就本领的重要阶段，国防科技、航天工程、乡村振兴、移动互联网……许多领域需要青年大学生选择、学习、开拓、建设并扎根其中，在迈向社会主义现代化强国的新征程中，发挥好青年人的力量，与时代同向同行、奋勇前进，在祖国最需要的地方绽放青春光彩。

一代人有一代人的长征，一代人有一代人的担当。生逢盛世，吾辈青年当有为，方能不负韶华，不负伟大时代！青年大学生们，你们准备好了吗？

4）作品要求

根据主题内容，任选一个方向，设计一系列平面广告。作品尺寸为A3大小，300dpi，RGB/CMYK颜色模式。

6.2.2 教学解析

2022年恰逢中国共青团成立100周年，该主题在此背景下产生。在主题解析时提供了比较清晰的创作思路，与上一主题区别最大的是，这个主题的创作范围相对较小，有较为明确的限制——青年，所有的设计内容都以青年为主，我们可以从以下几个方面来寻找创意点：①回顾并歌颂青年英雄楷模的光辉事迹，如刘胡兰、雷锋、黄继光等无数舍身为国的青年英雄，可用插画的形式再现当年的光辉事迹。②在回顾前辈英雄楷模的同时，发掘当下青年励志故事，如在举国战疫之时，可以表现挺身而出的各行各业青年英雄人物；在竞技体育赛场上，可以弘扬顽强拼搏、团结协作的体育精神；在乡村振兴的舞台上，可以宣扬担当尽责的人物事迹。当下所有主题的青年励志故事都可以用画面的形式传播正能量，勾勒时代新风貌。③作为当代青年大学生，可以以青年励志、报效祖国为广告创意点，展现自己在航天工程、移动互联网、国防科技等领域的梦想，用画面表现自己如何用行动来践行责任。这也是较好的创意方向。

6.2.3 作品展示与解析

作品点评：

图6-14"未来简历"系列广告以个人简历为表达方式，从关乎国计民生的科技、教育两个方面进行阐述。以图形为语言，运用发散思维将与这两个领域相关的内容进行简化、组合，构成一幅对未来畅想的画面，阐明当代新青年的信仰传承。作品整体风格统一，给人耳目一新的视觉感受。

图 6-14 "未来简历"系列广告（石德成）

作品点评：

图 6-15"接力青春，强国有我"系列广告结合航空科技、农业和工业三个方面对未来的发展进行联想刻画，运用鲜明的色彩，新颖的版式，丰富的内容展现出新时代青年应有的责任和担当。画面整体视觉效果较好，需要注意的是，第三幅作品的视觉元素有些集中，构图偏紧，将底部再增加一些元素，视觉效果会更好。

图 6-15 "接力青春，强国有我"系列广告（祝鲁豫）

作品点评：

图 6-16"崛起青年"系列广告中公益观念的传达需要紧贴时代与生活，该作品的创意亮点在于紧紧贴合生活实际，在平凡的生活中寻找青年楷模。作品将出租车司机、医护人员等在平凡岗位中的感人瞬间进行创意性表达，彰显出新时代的青年楷模。作品视觉整体性强，画面丰富，质感饱满，有鲜明的艺术表现风格。

作品点评：

图 6-17"冬奥精神，为国争光"系列广告运用插画的形式把奥运健儿们英姿飒爽的一面直接展示出来，突出冰雪赛场上，我国体育健儿不畏强手、顽强拼搏、为国争光的体育精神，生动诠释了胸怀大局的北京冬奥精神。其他背景元素与雪山相呼应，将中国元素古建筑与新时代建筑相结合，作品色彩鲜亮统一，容易抓住人们的眼球。

图 6-16 "崛起青年"系列广告（葛学兰）

图 6-17 "冬奥精神，为国争光"系列广告（刘潇阳）

6.2.4 作品欣赏

如图 6-18 至图 6-27 所示。

图 6-18 "梦之所向，青年所往"系列广告（张秀云）

图 6-19　我们有信仰"强国"系列广告（陈凤苹）

图 6-20　我们有信仰"接力"系列广告（程亚欣）

  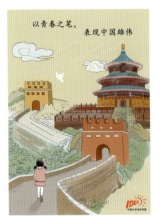

图 6-21　"绘出梦想"系列广告（裴艳娟）

图 6-22　"青春有我"系列广告（袁倩）

图 6-23 "东方信仰"系列广告(王晨熙)

  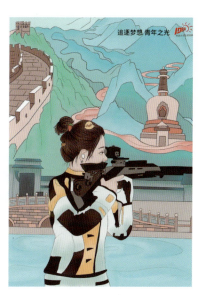

图 6-24 "奋进无畏,冬奥精神"系列广告(王诗晗)

图 6-25 "我们的信仰"系列广告(王文晶)

图 6-26 "写青春"系列广告（崔腾）

图 6-27 "展望未来，强国有我"系列广告（张笑）

6.3 课题 3：联合国可持续发展目标

6.3.1 课题内容

课题来源：2023 年第十一届未来设计师·全国高校数字艺术设计大赛。

1) 创作主题

设计赋能可持续发展，实现联合国可持续发展目标。

2) 主题内容

联合国可持续发展目标：①无贫穷：在全世界消除一切形式的贫困；②零饥饿：消除饥饿，实现粮食安全，改善营养状况和促进可持续农业；③良好的健康状况与福祉：确保健康的生活方式，促进各年龄阶段人群的福祉；④优质的教育：确保包容和公平的优质教育，让全民终身享有学习机会；⑤性别平等：实现性别平等，增强所有妇女和女童的权能；⑥清洁饮水和卫生设施：为所有人提供水和环境卫生并对其进行可持续管理；⑦经济适用的清洁能源：确保人人获得负担得起的、可靠和可持续的现代能源；⑧体面的工作和经济增长：促进持久、包容和可持续经济增长，促进充分的生产性就业和人人获得体面的工作；⑨产业、创新和基础设施：建造具备抵御灾害能力的基础设施，促进具有包容性的可持续工业化，推动创新；⑩减少不平等：减少国家内部和国家之间的不平等；⑪可持续城市和社区：建设包容、安全、有抵御灾害能力和可持续的城市和人类社区；⑫负责消费和生产：采用可持续的消费和生产模式；⑬气候行动：采取紧急行动应对气候变化及其影响；⑭水下生物：保护和可持续利用海洋和海洋资源以促进可持续发展；⑮陆地生物：保护、恢复和促进可持续利用陆地生态系统，可持续管理森林，防治荒漠化，制止和扭转土地退化，遏制生物多样性的丧失；⑯和平、正义与强大的机构：创建和平、包容的社会以促进可持续发展，让所有人都能诉诸司法，在各级建立有效、负责和包容的机构；⑰促进目标实现的伙伴关系：加强执行手段，重振可持续发展全球伙伴关系。

3）主题解析

2015年9月25日，在联合国可持续发展峰会上，193个成员国正式通过17个可持续发展目标（Sustainable Development Goals，SDGs），称之为"改变世界的17项目标"，旨在从2015年到2030年以综合方式彻底解决社会、经济和环境三个维度的发展问题，转向可持续发展道路。呼吁所有国家（不论该国是贫穷、富裕还是中等收入国家）行动起来，在促进经济繁荣的同时保护地球。目标指出，消除贫困必须与一系列战略齐头并进，包括促进经济增长，解决教育、卫生、社会保护和就业机会的社会需求，遏制气候变化和保护环境。

2022年联合国教科文组织Amal Kasry博士出席未来设计师大赛主办的可持续设计论坛并发言，鼓励大学生关注联合国可持续发展目标，树立世界公民意识，以"未来设计师"的视野关注社会、经济、环境所面临的挑战，为人类社会的可持续发展贡献设计智慧。

4）作品要求

根据主题内容，任选一个方向，设计一系列动态平面广告。作品尺寸为1200×800像素，300dpi，RGB/CMYK颜色模式。

6.3.2 教学解析

实现可持续发展是全球人类的共同愿景，该课题主要想借助设计师的力量通过设计的形式赋能全球可持续发展。这个主题需要注意两个方面：①联合国可持续发展目标共17个，全部为公益命题，创作主题较多，在设计时需要注意公益广告的创作方式。公益广告与商业广告不同，公益广告要以传承和发展人类文明为宗旨，我们要通过设计作品传达现代文明观念，传达所需要表达的可持续发展目标，建立社会责任感。与此同时，作品除了传达性别平等、消除饥饿等主题，还要兼顾良好道德情操的表达，这对于公益广告的传播有很大的帮助。②在全国各类设计赛事中，不少赛事也会设计相关的主题，如保护海洋、保护环境、关爱女性等公益主题，我们在完成主题时应学习相关的赛事作品，认真分析获奖作品，寻找作品中最打动人心的创作点。虽然创意讲求原创，但表现技巧可从适当的设计构图与形式中寻找，特别对于初学者，这是一种既简单又直接的入门方法。

6.3.3 作品展示

以下作品全部为动态平面广告（可通过扫描二维码欣赏动态效果），由于纸张形式的限制，只能全部呈现为动态广告的最终静态画面。

作品点评：

图6-28"缔造可持续城市和社区"系列广告通过表现快速的城市化导致越来越多的废物收集、道路交通、基础设施负担过重等现象，突出城市规划变得异常重要的主题。其设计旨在展示可持续和谐包容城市和社区，两幅画面以插画的形式展示出可持续回收系统与新能源的发展以及城市交通与周围建筑的和谐，表现可持续城市和社区的包容、安全、绿色、和谐。

图 6-28 "缔造可持续城市和社区"系列广告(吴伟康)

作品点评:

图 6-29 "零饥饿"系列广告运用 2.5D 卡通插画形式,分别用大米和水果的英文单词(rice、fruit)的立体形象为主体物,以各类食物和卡通小人为元素,整体表现出"从你我做起,实现世界零饥饿"的主题,作品色彩干净、清新,呈现出欢快、幸福、忙碌、祥和的氛围。

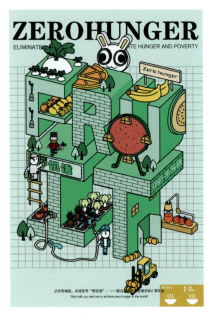

图 6-29 "零饥饿"系列广告(张琳)

作品点评:

图 6-30 "可持续城市和社区"系列广告选取"可持续城市和社区"为主题,从经济、社会、生态三个方面进行设计,系列感较强。作品运用色块构成的方式,选取与之相关的元素进行组合,搭配文字和点缀元素使画面整体和谐统一。运用饱和度较高的色彩使人眼前一亮,突出主题,旨在呼吁建设包容、安全、有抵御灾害能力和可持续的城市。

图 6-30　"可持续城市和社区"系列广告（杨瑜）

作品点评：

图 6-31 "拥抱"系列广告采用正负形的设计手法，将陆地上的动物猫、狗、兔的外形与人的外形相结合，表现人与陆地上动物的关系，以此来呼吁人类须与陆地上的动物和平共处，只有爱护陆地生物，才能够实现可持续发展的目标。

图 6-31　"拥抱"系列广告（马杉杉）

6.3.4　作品欣赏

如图 6-32 至图 6-46 所示。

图 6-32　"低碳城市"系列广告（杨洪泽）

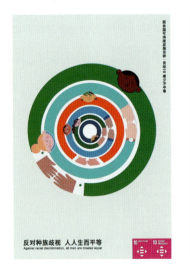

图 6-33 "减少不平等"系列广告（李青）

图 6-34 "还我衣服"系列广告（郭林宇）

图 6-35 "全球变暖，世界心寒"系列广告（赵静）

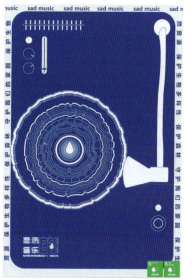

图 6-36　"悲伤的音乐"系列广告（宋奕静）

图 6-37　"全球暖化"系列广告（宋健）

图 6-38　"和平"系列广告（万文迪）

图 6-39　"污染的不仅仅是海水"系列广告（刘合运）

图 6-40　"水下生物"系列广告（刘慧迪）

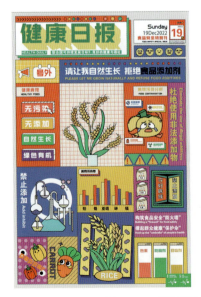

图 6-41　"健康日报"系列广告（岳琳）

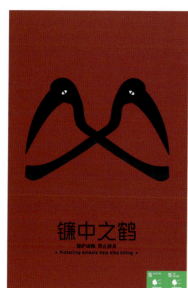

图 6-42 "保护动物"系列广告（张志隆）

图 6-43 "绿色出行"系列广告（赵梦娇）

图 6-44 "关爱—爱护"系列广告（王静）

 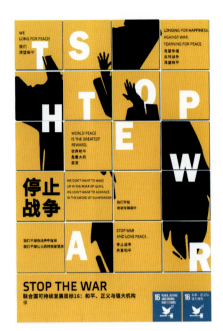

图6-45 "爱与和平、停止战争"系列广告（于晔）

 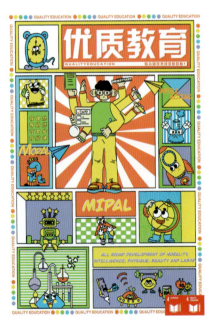

图6-46 "优质教育"系列广告（秦悦）

【知识链接】

1. 全国大学生广告艺术大赛

全国大学生广告艺术大赛是迄今为止全国规模大、覆盖高等院校广、参与师生人数多、作品水准高、受高校教师欢迎、有较大社会影响力的全国性高校学科竞赛。参赛作品分为平面类、影视类、微电影类、动画类、广播类、广告策划案类、企业公益类七大类。赛事的所有选题均面向社会征集，将企业营销的真实课题引入竞赛，广告实践有了更广阔的舞台。

2. 中国大学生广告艺术节学院奖

中国大学生广告艺术节学院奖是经中央批准，国务院评比达标表彰工作小组同意设立的中国广告业大奖，是由国家工商总局批准、中国广告协会主办的全国大学生广告艺术大型活动。

3. 未来设计师·全国高校数字艺术设计大赛

未来设计师·全国高校数字艺术设计大赛是由

工业和信息化部人才交流中心主办,教育部中国高等教育学会认定的国家级大学生竞赛。大赛始于2012年,每年举办一届,是高校积极参与的重要竞赛之一。

4.时报金犊奖

时报金犊奖创办于1992年,是全球华人地区规模较大的学生广告活动,是华人圈历史最悠久的青年创意奖项。

5.全国大学生设计"大师奖"

全国大学生设计"大师奖"原名"全国大学生视觉设计大赛",始于1997年,由设计教育改革者林家阳教授主持创办,旨在搭建中国创新教育改革平台,提高全国设计类专业学生及设计从业人员的创新能力,已成功举办了20届。

6.靳埭强设计奖

靳埭强设计奖是由靳埭强于1999年创办的一个面向全球华人青年的设计比赛。比赛致力于以国际先进设计创意理念和具有原创性、本土精神的设计作品推动中国艺术设计教育的发展,致力于用高水准的参评标准启发、引导大学生的设计思维与理念。

【项目实训】

1.任选一个商业命题,分别做三个广告创意,具体的广告形式不限。

2.围绕保护环境、性别平等、光盘行动等公益命题,设计一系列公益广告(不少于3幅,尽量以动态形式展示)。

动态平面广告

爱与和平、停止战争 设计:于晔(1)

爱与和平、停止战争 设计:于晔(2)

保护动物 设计:张志隆(1)

保护动物 设计:张志隆(2)

保护动物 设计:张志隆(3)

悲伤的音乐 设计:宋奕静(1)

悲伤的音乐 设计:宋奕静(2)

悲伤的音乐 设计:宋奕静(3)

低碳城市 设计:杨洪泽(1)

低碳城市 设计:杨洪泽(2)

低碳城市 设计:杨洪泽(3)

缔造可持续城市和社区系列广告 设计:吴伟康(1)

缔造可持续城市和社区系列广告 设计:吴伟康(2)

关爱—爱护 设计:王静(1)

关爱—爱护
设计：王静（2）

关爱—爱护
设计：王静（3）

还我衣服 设计：郭林宇（1）

还我衣服 设计：郭林宇（2）

和平 设计：万文迪（1）

和平 设计：万文迪（2）

减少不平等
设计：李青（1）

减少不平等
设计：李青（2）

建设可持续城市和社区系列广告
设计：杨瑜（1）

建设可持续城市和社区系列广告
设计：杨瑜（2）

建设可持续城市和社区系列广告
设计：杨瑜（3）

健康日报
设计：岳琳（1）

健康日报
设计：岳琳（1）

零饥饿系列广告 设计：张琳（1）

零饥饿系列广告 设计：张琳（2）

绿色出行
设计：赵梦娇（1）

绿色出行
设计：赵梦娇（2）

全球变暖，世界心寒 设计：赵静（1）

全球变暖，世界心寒 设计：赵静（2）

全球变暖，世界心寒 设计：赵静（3）

全球暖化
设计：宋健（1）

全球暖化
设计：宋健（2）

全球暖化
设计：宋健（3）

水下生物
设计：刘慧迪（1）

水下生物
设计：刘慧迪（2）

污染的不仅仅是海水 设计：刘合运（1）

污染的不仅仅是海水 设计：刘合运（2）

污染的不仅仅是海水 设计：刘合运（3）

拥抱系列广告 设计：马杉杉（1）

拥抱系列广告 设计：马杉杉（2）

拥抱系列广告 设计：马杉杉（3）

优质教育 设计：秦悦（1）

优质教育 设计：秦悦（2）

参考文献

[1] 刘春雷. 广告创意与设计：设计师必备广告策划手册 [M]. 北京：化学工业出版社，2021.

[2] 胡川妮. 广告设计 [M]. 北京：高等教育出版社，2009.

[3] 巴赞. 思维导图：放射性思维 [M]. 北京：作家出版社，1999.